Le principe de la continuité de l'État : issue de secours à la prohibition du troisième mandat ?

Collection « Études africaines »

dirigée par Denis Pryen et son équipe

Forte de plus de mille titres publiés à ce jour, la collection « Études africaines » fait peau neuve. Elle présentera toujours les essais généraux qui ont fait son succès, mais se déclinera désormais également par séries thématiques : droit, économie, politique, sociologie, etc.

Dernières parutions

Jean-Bertrand AMOUGOU, *Réflexions sur la rationalité, Tome 1. Variations culturelles d'un thème chez P.M Hebga*, 2016.

Jean-Bertrand AMOUGOU, *Réflexions sur la rationalité, Tome 2. Sciences (a)normales et problèmes de méthode(s)*, 2016.

Rodrigue TEZI (dir.), *Former les personnels soignants en Afrique. De l'utilité d'enseigner les sciences humaines et sociales de la santé dans les programmes de formation*, 2016.

Sokhna BAO DIOP, *Le baynunk guñaamolo, une langue du sud du Sénégal. Analyse phonologique, morphologique et syntaxique*, 2016.

Yapi YAPO (dir.), *Étudier les représentations sociales*, 2016.

Ibrahim MALAM MAMANE SANI, *Repenser la gouvernance alimentaire et nutritionnelles au Niger. La crise alimentaire dans le département du Gouré (2005)*, 2016.

Guy MVELLE, *L'aide française en Afrique. Les mutations via les contrats de désendettement et de développement (C2D*), 2016.

Gaston MUTAMBA LUKUSA, *L'économie congolaise de 2007 à 2016, Persistance des facteurs d'enlisement en RDC, 2016*

Hervé LADO, *Dynamiques politico-économiques dans l'histoire du Nigéria, Évolution historique des rapports de force entre élites et non-élites*, 2016.

Paul LANDO, *Territoires du vodoun en milieu urbain, Le cas de Ouidah en République du Bénin*, 2016.

Josué GUÉBO, *Dictionnaire des mots et expressions du français ivoirien*, 2016.

Christine THÉODORE, *Objets d'initiation. Rencontre avec un chasseur dozo. Échanges d'objets et modifications des interactions*, 2016.

Ghislain M. MABANGA

Le principe de la continuité de l'État : issue de secours à la prohibition du troisième mandat ?

Analyse critique de l'arrêt de la Cour constitutionnelle congolaise du 11 mai 2016

Préface de Stéphane Bolle

L'Harmattan

Du même auteur

Le contentieux constitutionnel congolais, Éditions universitaires africaines, Kinshasa, 1999.

La victime devant la Cour pénale internationale. Partie ou participant ?, Éditions L'Harmattan, Paris, 2009.

5-7, rue de l'Ecole-Polytechnique, 75005 Paris

http://www.harmattan.fr

ISBN : 978-2-343-10752-3
EAN : 9782343107523

À toutes les victimes africaines de la répression sanglante des manifestations contre les troisièmes mandats de leurs dirigeants.

« Gouverner, c'est prévoir. Ne rien prévoir, ce n'est pas gouverner, c'est courir à sa perte »

(Émile de Girardin)

Sommaire

Table des abréviations

Afrilex	Revue d'étude et de recherche sur le droit et l'administration dans les pays d'Afrique – Université Montesquieu – Bordeaux IV
AJDA	Actualité juridique Droit administratif
al.	alinéa
art.	article
CENI	Commission nationale électorale indépendante
Cour const.	Cour constitutionnelle
CSJ	Cour suprême de justice de la RDC
FIDH	Fédération internationale des droits de l'homme
J.O.	Journal officiel
JORDC	Journal officiel de la RDC
JORF	Journal officiel de la République française
LGDJ	Librairie générale de droit et de jurisprudence
PUF	Presses universitaires de France
RDC	République démocratique du Congo
RFI	Radio France internationale

Préface

La Constitution en Afrique n'est plus ce qu'elle était : la chose des seuls gouvernants, au service exclusif d'une dictature légale à vie. Pour autant, la Constitution en Afrique n'est pas encore ce qu'elle devrait être : la chose des citoyens, au service exclusif de l'État de droit et de démocratie pluraliste.

La chose constitutionnelle a bien acquis sur le continent une importance inédite, dans le sillage des transitions, à partir de la décennie 1990. Des constitutions, souvent très prolixes, ont alors marqué une conversion formelle aux canons du constitutionnalisme, aux exigences de la limitation du Pouvoir par le Droit. La quête constitutionnelle du « plus jamais ça ! » s'est notamment traduite par la consécration de la règle d'or de la limitation à deux du nombre de mandats présidentiels et par la création d'une juridiction suprême, gardienne de la Constitution. Cependant, ce constitutionnalisme prudentiel a subi les assauts révisionnistes du Pouvoir, avec ou sans la caution du juge constitutionnel ; et l'espoir d'un meilleur lendemain constitutionnel a laissé la place à de cruelles désillusions constitutionnelles. Des « révisions dangereuses » de la Constitution, parfaitement licites, partielles ou totales, ont fait sauter le verrou de la limitation du nombre de mandats présidentiels ; des décisions ou avis complaisants du juge constitutionnel, ayant autorité de chose jugée ou interprétée, sont venus saper les fondations du néo-constitutionnalisme africain.

C'est principalement sur ce second terrain, celui de l'instrumentalisation jurisprudentielle de la « mère des lois », que se nécrose aujourd'hui la Constitution originelle, dans sa lettre et/ou dans son esprit antiautoritaire. Le juge s'abîme dans une interprétation authentique mais pernicieuse de la

Constitution, qui profite au prince-président, candidat à sa réélection pour un troisième mandat, voire candidat à sa reconduction sans élection. Le virus du « continuisme » par la corruption jurisprudentielle de la Constitution et/ou du constitutionnalisme a été isolé, à des stades plus ou moins avancés, au Burkina Faso en 2005, au Sénégal en 2012, au Congo-Brazzaville et au Burundi en 2015. Il a touché la République démocratique du Congo, avec l'arrêt de la Cour constitutionnelle du 11 mai 2016. La pandémie sévit dans un contexte singulier, où la Constitution souffre de maladies infantiles. Elle est aussi le symptôme extrême d'une « loi » universelle, du mal dont peut souffrir la Constitution, toute constitution : *« Une constitution, c'est la colonne vertébrale d'un régime politique. Au cours de son existence, elle peut être atteinte de scoliose, de cyphose, de becs de perroquet. Il existe quantité de façons de la déformer »*, comme l'a relevé Jacques Georgel.

C'est sur le champ, passionnel et passionnant, des mots et des maux de la Constitution en Afrique que s'aventure ici Ghislain Mabanga Monga Mabanga, avocat au barreau de Paris, conseil à la Cour pénale internationale et enseignant à l'Université Paris Ouest – Nanterre La Défense. Son essai, d'une brûlante actualité, livre une analyse critique et minutieuse de l'arrêt de la Cour constitutionnelle congolaise du 11 mai 2016.

L'auteur s'attache à décrypter un arrêt d'interprétation de l'article 70 alinéa 2 de la Constitution du 18 février 2006, qui a fait couler beaucoup d'encre et d'octets. Saisie par 276 des 500 députés nationaux, la Cour constitutionnelle a *« Dit que, pour consacrer le principe de la continuité de l'État affirmé par l'article 69 de la Constitution, l'article 70 alinéa 2 de la Constitution permet au Président de la République actuellement en exercice de rester en fonction jusqu'à l'installation effective du nouveau Président élu »*. La Cour a ainsi fait le choix d'une interprétation systémique, qui consiste à dégager la signification d'un énoncé constitutionnel à partir d'un autre énoncé constitutionnel, et non d'une interprétation téléologique, qui consiste à dégager la signification d'un énoncé constitutionnel à partir des buts poursuivis par le Constituant. C'est ce choix que l'essayiste met à l'épreuve, en se posant en substance la question suivante : le principe constitutionnel de la continuité de l'État, invoqué pour entériner l'impossibilité d'organiser l'élection présidentielle à l'échéance normale, servirait-il de cache-sexe au « continuisme », en l'espèce à la prolongation sans élection et pour une durée indéterminée du second – et dernier - mandat du Président de la République ?

Ghislain Mabanga Monga Mabanga répond catégoriquement par l'affirmative, à l'issue d'une démonstration brillante et fouillée. Il s'ingénie à mettre au jour et à démonter les vices, plus ou moins cachés, de l'arrêt du 11 mai 2016. Selon lui, la Cour constitutionnelle a été le coauteur d'une infraction majeure contre la Constitution : elle a offert au Pouvoir en place *« la seule issue possible à l'impasse politique qu'il avait préméditée et qui poignait déjà à l'horizon »* (Chapitre 1) ; elle a rendu un arrêt qui apparait *« comme le dernier maillon de la chaîne constituant le processus du coup d'État constitutionnel patiemment mis en place depuis le premier quinquennat de Joseph Kabila »* (Chapitre 2).

L'avocat donne à lire un puissant réquisitoire contre la *« révision camouflée de la Constitution »*, imputable au juge constitutionnel, qui, auxiliaire de *« gouvernants de mauvaise foi »*, les a gratifiés d'une dangereuse *« prime à l'inconstitutionnalité »*. Il dénonce une grave contrefaçon jurisprudentielle de la Constitution, consistant à travestir le principe constitutionnel de la continuité de l'Etat, qui a *« été conçu pour assurer la pérennité du fonctionnement de l'État, et non l'éternité des gouvernants à la tête de l'État »*. Le procureur de la Constitution en danger stigmatise l'arrêt infamant du 11 mai 2016, qui cautionne le contournement par le Chef de l'État de l'article 220 de la loi fondamentale, aux termes duquel *« le nombre et la durée des mandats du Président de la République [...] ne peuvent faire l'objet d'aucune révision constitutionnelle »*. Il met en accusation les protagonistes de la « stratégie du glissement », soit tous ceux qui ont prêté leur concours pour ruiner la réglementation constitutionnelle sans y toucher formellement. Il pointe, enfin, les conséquences calamiteuses de l'arrêt incriminé, que la Cour constitutionnelle a rendu quelques mois après la prise par le Président de la République de l'ordonnance n°15/084 du 28 novembre 2015 portant convocation d'un dialogue politique national inclusif en République démocratique du Congo.

Finalement ouvert le 1er septembre 2016, le forum vient de déboucher sur la signature, le 18 octobre 2016, par la majorité présidentielle et une partie de l'opposition, de l'accord politique pour l'organisation d'élections apaisées, crédibles et transparentes en République démocratique du Congo. L'accord prévoit la constitution d'un nouveau fichier électoral d'ici le 31 juillet 2017 et la tenue des élections du Président de la République ainsi que des députés nationaux et provinciaux, au plus tard le 30 avril 2018. Cet arrangement avec la Constitution était inévitable, dès lors que la Cour constitutionnelle n'avait même pas pris la peine, dans l'arrêt incriminé, de fixer une date butoir raisonnable pour l'organisation du scrutin présidentiel, au cas où le Président de la République serait, à titre exceptionnel, maintenu en fonction au-delà du terme normal de son mandat. Au nom de la Constitution mais contre le constitutionnalisme, le juge s'était totalement défaussé sur la classe politique, implicitement appelée à trouver un compromis.

Décidément, *« le droit dit "ce qu'il faut faire", il ne peut pas dire "ce qu'on en fera" »*, selon la formule du doyen Georges Vedel.

Ghislain Mabanga Monga Mabanga qualifie de « coup d'État constitutionnel » l'enchainement des coups portés au « noyau dur » de la Constitution du 18 février 2006 par le Pouvoir et ses soutiens, de concert avec la Cour constitutionnelle. Il use ainsi du vocable que brandissent, à tort et à travers, partout en Afrique, les opposants et les activistes de la société civile, dans les joutes sur la Constitution, dans les disputes sur sa révision, son interprétation, ou sa violation. Le juriste engagé dans la Cité se dévoile au travers de la dénonciation du « coup d'État constitutionnel », au cœur du présent essai. Il se distingue du constitutionnaliste sans parti pris, du genre du préfacier, qui hésite, voire répugne, à faire sienne une expression antinomique : classiquement, le coup d'État est, par définition, anticonstitutionnel ou extraconstitutionnel, puisqu'il implique un renversement de l'ordre constitutionnel ; le coup d'État prétendument « constitutionnel » serait, quant à lui, perpétré par les autorités légales en vue de la modification, licite ou illicite mais toujours illégitime, de l'ordre constitutionnel. L'arrêt du 11 mai 2016 appartiendrait à la seconde espèce.

Selon Ghislain Mabanga Monga Mabanga, la Cour constitutionnelle s'est rendue coupable d'une *« "contrefaçon" de la Constitution »*, pour permettre *« au président sortant de se maintenir au pouvoir sous une apparence de légalité »* ; son forfait a parachevé une *« œuvre savamment montée »*, conçue par des *« universitaires mercenaires »* et exécutée par le pouvoir législatif, le pouvoir exécutif et la justice constitutionnelle ; la Cour a mis *« devant le fait accompli d'autres acteurs de la vie politique aux fins de les rallier à cette entreprise criminelle »*. L'essayiste se situe délibérément davantage sur le registre du crime, emprunté au droit pénal et à la science criminelle, que sur celui de la violation de la Constitution, propre au droit constitutionnel. Il embrasse résolument la cause du « peuple de la rue », de ces Congolais qui ont pris conscience de leur *« devoir d'insurrection »*, consacré par l'article 64 de la Constitution, et qui ont manifesté en grand nombre, les 19 et 20 septembre 2016, contre le « continuisme ». Il donne à penser que le patriotisme constitutionnel protestataire pourrait seul désormais faire échec à toute tentative de profanation du temple constitutionnel par les autorités légales, comme au Sénégal en 2011 ou au Burkina Faso en 2014. Si les manifestations congolaises n'ont pas présentement connu la même fortune, elles pourraient ressurgir à tout moment : *« La répression sanglante qui s'en est suivie est-elle de nature à étouffer définitivement toute velléité insurrectionnelle et permettre au président sortant une jouissance paisible du fruit de son coup d'État constitutionnel ? L'histoire le dira. »*

Cet aperçu n'épuise pas la richesse de l'essai de Ghislain Mabanga Monga Mabanga. Le lecteur y trouvera à la fois le commentaire académique d'un arrêt contesté et contestable de la Cour constitutionnelle ; le récit d'un affrontement politico-juridique entre partisans et adversaires du « continuisme » ; et, en filigrane, un plaidoyer pour un réarmement éthique des acteurs de la scène constitutionnelle en République démocratique du Congo. Le cas d'école étudié invite à la réflexion sur les vices et les vertus de la Constitution en Afrique, sur les poisons et délices du constitutionnalisme. L'essayiste mérite de vifs remerciements pour sa féconde contribution.

Stéphane BOLLE
Maître de conférences HDR en droit public à l'Université Paul Valéry - Montpellier 3
Chercheur au LAM-CERDRADI
Auteur du site « La Constitution en Afrique »

Avant-propos

L'Afrique francophone subsaharienne est actuellement confrontée à ce que d'aucuns ont opportunément qualifié de *« syndrome de troisième mandat »* [1] dont seraient atteints nombre de ses dirigeants. Parmi ses symptômes, on a noté une *« fièvre »* particulière au cours de cette année : *« L'année 2016 connaîtra 16 scrutins présidentiels en Afrique, dont plusieurs seront dérogatoires au principe de la limitation des mandats tel qu'il figurait dans les Constitutions initiales, fort opportunément modifiées à l'approche des élections »*[2].

Ces coups d'État constitutionnels, faits par voie de révision formelle de la Constitution, ont touché des pays tels que le Congo-Brazzaville et le Rwanda, qui ont décidé de modifier leurs Constitutions respectives pour permettre aux chefs d'État en place de briguer un troisième mandat prohibé. D'autres pays, tels que le Burundi, ont, eux, opté pour une « révision camouflée » de la Constitution en obtenant du juge constitutionnel une lecture qui permette au président en exercice de passer entre les mailles du filet de la limitation du nombre de mandats. La Cour constitutionnelle burundaise se permit néanmoins de lancer une sorte de dernier avertissement au président sortant : *« Le* renouvellement une seule et dernière fois *de l'actuel mandat présidentiel au suffrage universel direct pour cinq ans, n'est pas contraire à*

---

[1] André MBATA MANGU, « Monarchies présidentielles et révisions constitutionnelles : le syndrome du troisième mandat ou d'une présidence à vie dans les États-membres de l'Union africaine », *Revue africaine de la démocratie et de la gouvernance*, Kinshasa, 2014, p. 48.

[2] Christian BOUQUET, « L'Afrique saisie par la fièvre du troisième mandat », *Le Monde*, 21 janvier 2016, [en ligne], URL : http://www.lemonde.fr/afrique/article/2016/01/21/l-afrique-saisie-par-la-fievre-du-troisieme-mandat_4851430_3212.html.

la Constitution de la République du Burundi du 18 mars 2005 »[3].

Quoique similaire à celle du Burundi, la situation de la République démocratique du Congo (RDC) semble quelque peu différente. En effet, si le pouvoir en place a, lui aussi, opté pour la voie de l'interprétation juridictionnelle de la Constitution, l'arrêt rendu par la Cour constitutionnelle en date du 11 mai 2016 offre au chef de l'État en place, âgé d'à peine quarante-cinq ans, des perspectives de longévité inespérées à la tête de l'État. Au nom du principe de la continuité de l'État, le chef de l'État en exercice pourra donc rester au pouvoir après son deuxième et dernier mandat, jusqu'à l'installation effective de son successeur élu. La limitation du nombre de mandats peut donc continuer à figurer formellement dans la Constitution, le chef de l'État en exercice n'a plus à s'en inquiéter. Elle s'appliquera à son successeur, si le pouvoir en place décide un jour d'organiser l'élection présidentielle.

Une telle décision, qui risque d'inspirer plusieurs autocrates sur le continent, paraît dangereuse, surtout lorsqu'on sait que la non-organisation de l'élection présidentielle dans le délai constitutionnel est le fait du pouvoir en place dont les différentes tentatives de modifier la Constitution ont échoué, notamment du fait d'une forte résistance de l'opposition et de la rue. Elle pousse à légitimement s'interroger sur l'intérêt de la limitation du nombre de mandats dans la Constitution si, à tout moment, le chef de l'État en exercice peut légalement s'en affranchir en créant artificiellement les conditions de l'impossibilité de la tenue

[3] Cour const. Burundi, 4 mai 2015, RCCB 303, 7e feuillet. Le soulignement a été ajouté.

de l'élection de son successeur avant le terme de son dernier mandat, ou même de son premier mandat s'il juge nulles les chances de sa réélection.

La présente étude tend donc à examiner l'applicabilité du principe de la continuité de l'État aux gouvernants de mauvaise foi. Elle a été rendue possible grâce aux personnes, trop nombreuses pour être citées ici, qui y ont apporté, de quelque manière que ce soit, leur contribution. Qu'elles daignent trouver ici l'expression de toute ma gratitude. Je tiens cependant à remercier tout particulièrement Mme Marina Eudes, maître de conférences HDR à l'Université Paris Ouest – Nanterre La Défense, pour ses encouragements, ainsi que M. Stéphane Bolle, maître de conférences HDR à l'Université Paul Valéry – Montpellier 3, qui a bien voulu la préfacer.

La question de la limitation du nombre de mandats continuera certainement à secouer le continent africain dans les prochaines années. Elle nécessite donc des réflexions en profondeur sur le constitutionnalisme africain. La présente étude constitue une modeste pierre posée dans ce champ cognitif. Elle ne demande qu'à être confrontée à d'autres pour que du choc des idées jaillisse la lumière.

Choisy-le-Roi, le 24 octobre 2016.

Ghislain M. Mabanga

Introduction

1.-*L'Afrique et la prohibition du troisième mandat*.- Le constitutionnalisme africain né des années 90 se caractérisait, notamment, par la limitation du nombre de mandats successifs – généralement à deux – à la magistrature suprême. L'objectif visé par une telle limitation gisait, non seulement dans *« la perspective d'une limitation du pouvoir dont l'exercice a trop souvent conduit à des dérives »*[4], mais aussi dans le dessein de *« déclencher l'alternance au pouvoir politique comme soubassement de l'édifice démocratique »*[5].

Avec une transition chaotique de treize ans (1990-2003) émaillée de nombreux conflits armés[6], la RDC semble avoir raté le coche de cet élan démocratique. Les espoirs seront néanmoins à nouveau permis lorsque, au terme d'un *« Dialogue intercongolais »*[7], les parties belligérantes ainsi que l'opposition politique et la société civile signeront à Pretoria (Afrique du Sud), le 17 décembre 2002, un *« Accord*

---

[4] Augustin LOADA, « La limitation du nombre de mandats présidentiels en Afrique francophone », *Afrilex*, n° 03/2003, p. 139, [en ligne], URL : http://afrilex.u-bordeaux4.fr/sites/afrilex/IMG/pdf/3doc8loada.pdf.

[5] Liévin MUYOBOKE MAZIRANE, « Troisième mandat présidentiel : une pierre d'achoppement à la démocratisation des États africains des Grands Lacs », *Annales de l'Université de Goma,* vol. V, n° 2, 2015, p. 36.

[6] Pour approfondir cette question, lire, notamment, Charles KABUYA, *Congo, terre d'enjeux. De la conquête coloniale à la quête d'un destin*, Noe, Cormeilles-en-Parisis, 2010, 383 p.

[7] Sur les négociations politiques en général en RDC, lire C. KABUYA LUMUNA SANDO, « RDC – Histoire des dialogues politiques congolais : autopsie d'une tradition démocratique », *Le Potentiel*, 30 décembre 2015, [en ligne], URL : http://www.lepotentielonline.com/index.php?option=com_content&view=article&id=13817:rdc-histoire-des-dialogues-politiques-congolais-autopsie-d-une-tradition-democratique&catid=90:online-depeches&Itemid=667.

global et inclusif sur la transition en République démocratique du Congo »[8]. Formellement adopté à Sun-City (Afrique du Sud) le 1e avril 2003 par la plénière du *Dialogue intercongolais*, cet accord donnera naissance à une Constitution transitoire promulguée le 4 avril 2003 par Joseph Kabila, alors président de la République en fonction[9].

La Constitution de la IIIe République, adoptée au terme d'un référendum organisé du 18 au 19 décembre 2005, et promulguée par le chef de l'État le 18 février 2006[10], s'inscrira finalement dans la droite ligne de ce constitutionnalisme en limitant à deux quinquennats le nombre de mandats du chef de l'État[11]. Comme pour graver cette disposition dans le marbre, la Constitution précisera que *« le nombre et la durée des mandats du Président de la République* […] *ne peuvent faire l'objet d'aucune révision constitutionnelle »*[12]. Il s'agissait, pour le Constituant, de *« préserver les principes démocratiques contenus dans la présente Constitution contre les aléas de la vie politique et les révisions intempestives »*[13], mais aussi, de manière générale, d' *« assurer l'alternance démocratique »*[14].

---

[8] Accord global et inclusif sur la transition en République démocratique du Congo, *Journal officiel de la République démocratique du Congo (JORDC),* numéro spécial, 5 avril 2003, pp. 49-70.
[9] Constitution de la transition, *JORDC,* idem, pp. 3-48.
[10] Constitution de la République démocratique du Congo, *JORDC*, numéro spécial, 20 juin 2006, pp. 3-47 (ci-après « la Constitution »).
[11] Article (art.) 70, alinéa (al.) 1e, de la Constitution.
[12] Art. 220, al. 1e, de la Constitution.
[13] Exposé des motifs de la Constitution de la République démocratique du Congo, *JORDC,* idem, p. 9.
[14] *Id.*, p. 8.

2.-De l'impasse de la limitation du nombre de mandats à l'issue de secours du coup d'État constitutionnel. - Ainsi, si le terme du premier quinquennat se présente comme une frontière légalement franchissable, le second, lui, apparaît comme une voie sans issue. Les gouvernants n'ont, au terme de leur dernier mandat, d'autre choix que de quitter le pouvoir après avoir organisé l'élection de leur successeur dans le délai constitutionnel.

Or l'on s'est aperçu que nombre de dirigeants africains étaient atteints du *« syndrome du troisième mandat »*[15]. Pour contourner la limitation constitutionnelle du nombre de mandats, ils trouveront très vite une issue de secours dans le coup d'État constitutionnel. Celui-ci se présente alors sous la forme d'une *révision formelle* de la Constitution dont *« la seule justification technique* [...] *est la volonté du Président actuellement en exercice de se maintenir au pouvoir »*[16].

Une prise de conscience des méfaits de cette pratique à l'échelle du continent a suscité une ferme désapprobation de l'Union africaine : *« Les États parties conviennent que l'utilisation, entre autres, des moyens ci-après pour accéder ou se maintenir au pouvoir constitue un changement anticonstitutionnel de gouvernement et est passible de sanctions appropriées de la part de l'Union : [...]Tout amendement ou toute révision des Constitutions ou des*

---

[15] A. MBATA MANGU, « Monarchies présidentielles et révisions constitutionnelles : le syndrome du troisième mandat ou d'une présidence à vie dans les États-membres de l'Union africaine », *op. cit.*, p. 48.

[16] Matthieu FAU-NOUGARET, « Manipulations constitutionnelles et coup d'État constitutionnel en Afrique francophone », *Afrilex,* [en ligne], URL : http://afrilex.u-bordeaux4.fr/sites/afrilex/IMG/pdf/Manipulations_constitutionnelles_et_coup_d_etat_constitutionnel.pdf, p. 7.

instruments juridiques qui porte atteinte aux principes de l'alternance démocratique »[17]. Ce comportement a même été érigé en crime passible de poursuites devant la Cour africaine de justice et des droits de l'homme et des peuples sous l'incrimination de *« crime relatif au changement anticonstitutionnel de gouvernement »*[18].

Il se trouve, cependant, qu'un coup d'État constitutionnel peut aussi subtilement s'opérer au moyen d'une *révision camouflée* de la Constitution. Dans ce cas, appel est fait à des juges constitutionnels instrumentalisés aux fins d'interpréter la Constitution de manière à permettre aux gouvernants de mauvaise foi de se maintenir au pouvoir[19]. Telle est la manière dont, à l'approche du terme fatidique du dernier mandat, le président sortant, souvent conseillé par quelques

---

[17] Art. 23-5 de la Charte africaine de la démocratie, des élections et de la gouvernance, adoptée par la 8e session ordinaire de la Conférence des chefs d'État et de gouvernement tenue le 30 janvier 2007 à Addis Abeba (Éthiopie), [en ligne], URL : http://www.ipu.org/idd-f/afr_charter.pdf.

[18] Art. 28E-e du Statut de la Cour africaine de justice et des droits de l'homme et des peuples, annexé au Protocole portant amendements au Protocole portant Statut de la Cour africaine de justice et des droits de l'homme, adopté par la 23e session ordinaire de la Conférence des chefs d'État et de gouvernement, tenue à Malabo (Guinée équatoriale), le 27 juin 2014, [en ligne], URL : http://lawyersofafrica.org/wp-content/uploads/2014/10/PROTOCOLE-PORTANT-AMENDMENTS-AU-PROTOCOLE-PORTANT-STATUT-DE-LA-COUR-AFRICAINE-DE-JUSTICE-ET-DES-DROITS-DE-LHOMME-FR-Clean.pdf.

[19] L'on sait, en effet, que le juge constitutionnel *« pèse sur l'ordre constitutionnel positif et ses interprétations constructives apparaissent comme des quasi-révisions du texte suprême »* (Stéphane BOLLE, « Des Constitutions "made in" Afrique, p. XVIII, [en ligne], URL : http://www.droitconstitutionnel.org/congresmtp/textes7/BOLLE.pdf).

« juristes mercenaires »[20], et agissant par sa majorité et/ou par une justice constitutionnelle aux ordres, tente de faire sauter le verrou constitutionnel de la limitation du nombre de mandats.

3.-*Le coup d'État constitutionnel en RDC, un processus transversal et multifocal.*- Pas plus que ses voisins d'Afrique centrale ayant eu recours, soit à la voie du référendum[21], soit

---

[20] L'expression est empruntée à Thomas Hofnung, parlant du doyen Charles Debbasch, conseiller juridique du général Gnassingbé Eyadema pendant une dizaine d'années, accusé d'avoir orchestré la « légalisation » du coup d'État ayant permis à l'armée d'installer Faure Gnassingbé au fauteuil présidentiel togolais au décès de son père (Thomas HOFNUNG, « Juriste mercenaire », *Libération*, 18 février 2005, pp. 34-35). L'intéressé s'en défend (Charles DEBBASCH, *La succession d'Eyadema. Le perroquet de Kara*, L'Harmattan, Paris, 2006, p. 34), sans vraiment réussir à faire oublier ses *« debbascheries »* togolaises (Voir S. BOLLE, « Des Constitutions "made in" Afrique, *op. cit*, p. IX).

[21] Pour contourner l'interdiction, faite par la Constitution du Congo-Brazzaville du 20 janvier 2002, de briguer un troisième septennat (art. 56, al. 3), le président Denis Sassou-Nguesso la fit remplacer par une Constitution adoptée le 25 octobre 2015 par un référendum validé par la Cour constitutionnelle le 5 novembre 2015 (Cour const. Congo-Brazzaville, Décision n° 003/DCC/REF/15 du 5 novembre 2015 portant proclamation des résultats définitifs du référendum constitutionnel : scrutin du 25 octobre 2015, [en ligne], URL : http://cour-constitutionnelle.cg/avis/DCC-003-du-5-nov-15-proclamation-resultats-referendum-25-oct-15.pdf). L'article 65, alinéa 1e, de la nouvelle Constitution dispose, désormais, que *« le Président de la République est élu pour un mandat de cinq [5] ans renouvelable deux [2] fois »* (Constitution de la République du Congo adoptée par référendum le 25 octobre 2015 », *Journal Officiel (J.O.) de la République du Congo*, édition spéciale, n° 8, 6 novembre 2015, p. 7). Au Rwanda, face à l'impossibilité, pour Paul Kagamé, de briguer un troisième septennat en 2017, interdit par l'article 101, alinéa 1e, de la Constitution du 26 mai 2003, il fit, lui aussi, adopter une nouvelle Constitution par un référendum

à celle de l'interprétation de la Constitution[22], la RDC n'a pas échappé à la tentation d'un troisième mandat du président Joseph Kabila. Le coup d'État constitutionnel destiné à le consacrer semble même s'être inscrit dans un processus transversal et multifocal.

4.- ◊ *Un processus transversal.-* Le processus visant au coup d'État constitutionnel en RDC n'a pas attendu l'approche du terme du dernier mandat présidentiel. Bien au contraire, il semble s'inscrire dans le cadre d'une minutieuse stratégie transversale couvrant les deux mandats constitutionnels. Ses premiers jalons apparaissent, en effet, dès la fin du premier quinquennat. Témoin, le premier essai que la majorité réussit à transformer par une loi

du 18 décembre 2015. L'article 101 de la nouvelle Constitution dispose que *« le Président de la République est élu pour un mandat de cinq [5] ans. Il peut être réélu une seule fois »* (La Constitution de la République du Rwanda de 2003 révisée en 2015, *Official Gazette,* numéro spécial, 24 décembre 2015, p. 96).

[22] Par une requête en date du 17 avril 2015, 14 sénateurs de la majorité saisirent la Cour constitutionnelle burundaise en interprétation des articles 96 (limitation à deux du nombre de mandats présidentiels consécutifs à une élection à suffrage universel direct) et 302 (élection exceptionnelle du premier président de la période post-transition au suffrage universel indirect) de la Constitution du 18 mars 2005. La question posée était de savoir si Pierre Nkurunziza, élu en 2005 au titre de l'article 302 par l'Assemblée nationale et le Sénat, puis réélu au suffrage universel direct en 2010, pouvait être considéré comme concerné par la limitation du nombre de mandats prévus à l'article 96. Par son arrêt du 4 mai 2015 rendu à la majorité, la Cour constitutionnelle jugea que le premier mandat post-transition de Pierre Nkurunziza ne pouvait être comptabilisé au titre de l'article 96. En conséquence, l'intéressé pouvait briguer un second mandat au suffrage universel direct (Cour const. Burundi, 4 mai 2015, RCCB 303, 7e feuillet).

constitutionnelle du 20 janvier 2011 ayant supprimé le second tour du scrutin présidentiel[23]. Joseph Kabila pouvait ainsi, non seulement échapper au débat de l'entre-deux-tours, qu'il n'affectionnait pas particulièrement[24], mais aussi, en misant sur la division de l'opposition, espérer remporter facilement un second mandat.

5.- ◊ *Un processus multifocal.-* Cette *« délinquance normative »*[25] ayant atteint ses objectifs[26], la question se posait de savoir si la logique de conservation du pouvoir allait perdurer jusqu'en 2016. Force est de constater, à cet effet, que toutes les sources du droit constitutionnel congolais furent mises à contribution pour orchestrer un coup d'État constitutionnel en faveur du maintien au pouvoir de Joseph Kabila.

---

[23] Art. 1e de la loi n° 11/002 du 20 janvier 2011 portant révision de certains articles de la Constitution de la République démocratique du Congo, *JORDC*, n° 3, 1e février 2011, p. 2.

[24] Voir, à ce sujet, Fweley DIANGITUKWA, *Les fraudes électorales. Comment on recolonise la RDC*, L'Harmattan, Paris, 2007, p. 79.

[25] L'expression est empruntée à Stéphane Bolle (Stéphane BOLLE, « Les juridictions constitutionnelles africaines et les crises électorales », communication lors du 5e Congrès de l'Association des cours constitutionnelles ayant en partage l'usage du français, tenu à Cotonou, du 22 au 28 juin 2009, [en ligne], URL : http://ddata.over-blog.com/xxxyyy/1/35/48/78/Manifestations-scientifiques/Les-JC-et-les-crises-electorales-ACCPUF-5.pdf.

[26] Aux termes d'un scrutin à un tour tenu en date du 28 novembre 2011 pour départager 11 candidats, la Cour suprême de justice (CSJ), après avoir rejeté comme non fondé le recours de l'Union pour la Nation de Vital Kamerhe (CSJ, *Union pour la Nation c. Joseph Kabila Kabange et La Commission électorale nationale indépendante*, 16 décembre 2011, RCE 011/PR, p. 20), proclama Joseph Kabila vainqueur avec 8 880 944 des voix, soit 48,95%.

6.- *Δ La doctrine des « universitaires mercenaires ».*- Pédagogique, la stratégie du pouvoir en place consistait, d'abord, à recourir à la doctrine pour préparer le peuple au refus d'alternance. En effet, autant en 2011 un groupe d'universitaires monta au créneau pour vanter, à quelques jours de l'élection présidentielle à laquelle le président sortant se représentait, les mérites de *« la révolution de la modernité »* de Joseph Kabila[27], autant en 2016, c'est encore à la doctrine que reviendra, à l'occasion du second et dernier quinquennat, une tâche bien délicate : préparer le terrain d'une révision constitutionnelle devant orchestrer le coup d'État constitutionnel.

Ainsi, dans un ouvrage manifestement destiné à préparer les esprits aux changements attendus, un professeur de droit public, cadre de la majorité, devait-il vivement s'en prendre à la limitation du nombre de mandats présidentiels sur le continent : *« La limitation de mandats présidentiels ne peut s'interpréter autrement, si ce n'est la confiscation de la souveraineté par les élites, alors qu'aucune fraction du peuple ni aucun individu ne peut s'en attribuer l'exercice. La vraie question en Afrique, c'est que les élites continuent à croire que le peuple n'est pas suffisamment éclairé pour opérer des choix conséquents»* [28] . Conséquent, il se prononcera, quelques mois plus tard, plus clairement en faveur de la révision de la Constitution de son pays pour permettre à son président de briguer un troisième mandat : *« Réviser la Constitution, c'est aussi la respecter* [...]. *Cette*

[27] Jean-Marie DIKANGA KAZADI (dir.), *RDCongo 2006-2011. Ce qui a changé,* L'Harmattan, Paris, 2011, 326 p.

[28] Évariste BOSHAB, *Entre la révision de la Constitution et l'inanition de la Nation,* Larcier, Bruxelles, 2013, p. 351.

révision constitutionnelle peut se faire par voie référendaire »[29].

Dans la foulée, un autre universitaire, lui aussi cadre de la majorité, mettra sur pied une association dénommée « Kabila Désir » prônant la révision constitutionnelle pour permettre à Joseph Kabila de briguer un troisième mandat [30]. « Mercenaire » avéré, il donnera à sa démarche une justification surréaliste pour un pays qui, après 56 ans d'indépendance, compte plus de 60 millions d'habitants : *« Chez nous, il n'existe pas d'hommes compétents acceptés par l'ensemble du pays. Et ce n'est pas du jour au lendemain que n'importe qui peut prétendre être en mesure de diriger un pays comme la RDC »*[31].

7.- *Δ L'improbable référendum constitutionnel et la révision avortée de la loi électorale.- * L' « effet Burkina Faso».-* La voie fut ainsi toute tracée pour un référendum constitutionnel destiné à faire échec à l'article 220 de la Constitution. Entre-temps, la tentative avortée de Blaise Compaoré, se trouvant dans la même situation

---

[29] RFI, « RDC : le parti de Kabila en faveur d'une modification de la Constitution », *RFI*, 30 juillet 2014, [en ligne], URL : http://www.rfi.fr/afrique/20140730-rdc-le-parti-presidentiel-modification-constitution-kabila-presidentielle/.

[30] Christophe BOISBOUVIER, « Le "Kabila-désir" de Tryphon Mulumba, ministre de la RDC », interview réalisée sur *Radio France internationale*, [en ligne], URL : http://www.rfi.fr/emission/20150813-rdc-tryphon-mulumba-ministrekabila-desir-troisieme-mandat.

[31] Trésor KIBANGULA, « Kin-Kiey Mulumba, ministre des Relations avec le Parlement : "Pourquoi il faut repenser le système électoral en RDC" », interview réalisée pour le compte de *Jeune Afrique*, [en ligne], URL : http://www.jeuneafrique.com/247526/politique/kin-kiey-mulumba-faut-repenser-systeme-electoral-rdc/.

juridique, de réviser l'article 37 de la Constitution de son pays[32], tourna à une insurrection qui l'emporta le 31 octobre 2014[33]. Est-ce le fait déclencheur de la renonciation du régime congolais à recourir au référendum pour lever l'interdiction du troisième mandat ? Il semble, en tout cas, que *« la chute de Blaise Compaoré au Burkina Faso semble avoir refroidi à Kinshasa les partisans d'une révision constitutionnelle susceptible de permettre au président Joseph Kabila de rester en poste après 2016 »*[34].

8.- **La stratégie du « glissement ».-* En tout état de cause, si elle devait exister, une telle renonciation fut de courte durée, car aussitôt remplacée par une subtile stratégie dite du « glissement »[35]. Il s'agissait, cette fois, de contourner la

---

[32] L'article 37 de la Constitution burkinabè du 11 juin 1991, modifiée, alors applicable, dispose que *« le Président du Faso est élu pour cinq ans au suffrage universel direct, égal et secret. Il est rééligible une fois »* (Constitution du Burkina Faso, Charte de la transition, janvier 2015, p. 53, [en ligne], http://www.mediacom.bf/pdf/Constitution&charte%20de%20la%20transition.pdf).

[33] Lire, à ce sujet, Benjamin ROGER et Rémi CARAYOL, « Burkina : le récit de la chute de Compaoré, heure par heure », *Jeune Afrique,* 18 novembre 2014, [en ligne], URL : http://www.jeuneafrique.com/39108/politique/burkina-le-r-cit-de-la-chute-de-compaor-heure-par-heure/.

[34] JEUNE AFRIQUE, « Après la chute de Compaoré, Kabila peut-il faire réviser la Constitution de RDC », *Jeune Afrique*, 20 novembre 2014, [en ligne], URL : http://www.jeuneafrique.com/40015/politique/apr-s-la-chute-de-compaor-kabila-peut-il-faire-r-viser-la-constitution-de-rdc/.

[35] Depuis peu, le jargon politique congolais s'est enrichi du concept de « glissement », qui traduit la volonté du pouvoir en place, faute d'obtenir la révision constitutionnelle pour permettre au président Kabila de briguer un troisième mandat, de « glisser » vers un mandat supplémentaire de fait

Constitution par une révision, apparemment anodine, de la loi électorale, mais dont l'esprit tendait à faire obstruction à la tenue d'élections dans les délais constitutionnels.

En effet, le 5 janvier 2015, le Gouvernement déposait à l'Assemblée nationale un projet de révision de la loi électorale[36] dont l'alinéa 3 de l'article 8 était ainsi libellé : « [La liste électorale] *doit être actualisée en tenant compte de l'évolution des données démographiques et de l'identification de la population* ». Traduction, aucune élection ne saurait se tenir sans identification préalable de la population, une opération qui, techniquement, pouvait s'étaler sur plusieurs années, alors que le mandat présidentiel était censé arriver à échéance le 20 décembre 2016. L'Assemblée nationale adopta, à une écrasante majorité, ce projet de loi au cours de sa plénière du samedi 17 janvier 2015 à 23h31[37].

La volonté de passage en force du pouvoir en place était ainsi clairement affichée par ce vote nocturne intervenant un

---

en créant les conditions d'impossibilité de la tenue de l'élection présidentielle dans le délai constitutionnel. C'est dans cette optique qu'il faut comprendre la déclaration suivante d'un homme politique congolais : « *L'arrêt de la Cour Constitutionnelle* […] *légalise le glissement et, de ce fait, équivaut à une révision implicite de la Constitution* » (Freddy MATUNGULU MBUYAMU ILANKIR, « Déclaration politique du Professeur Freddy Matungulu Mbuyamu Ilankir », Amsterdam, 18 mai 2016, § 3, [en ligne], URL : http://www.tshangu.com/Declaration-politique-du-Professeur-Freddy-Matungulu-Mbuyamu-Ilankir_a2072.html#).

[36] ASSEMBLÉE NATIONALE, « Le projet de loi électorale du gouvernement déjà au parlement », 7 janvier 2015, [en ligne], URL : http://www.assemblee-nationale.cd/v2/?p=4525.

[37] ASSEMBLÉE NATIONALE, « L'Assemblée Nationale modifie et adopte la loi électorale », 18 janvier 2015, [en ligne], URL : http://www.assemblee-nationale.cd/v2/?p=4562.

samedi d'un jour férié[38] ! Il n'en fallut pas plus pour l'opposition, qui y vit la concrétisation de la stratégie du « glissement », d'appeler le peuple à descendre dans la rue pour faire échec à cette tentative de coup d'État constitutionnel. Aussi, à partir du 19 janvier 2015, le pays connut de nombreuses émeutes, dont la répression policière fit quelques dizaines de victimes[39].

Sous la pression de la rue et des chancelleries occidentales[40], le Sénat tenta de désamorcer la crise en vidant l'alinéa litigieux de son venin par un amendement du 23 janvier 2015 imposant *« le respect des délais constitutionnels et légaux »*[41] à tout processus d'actualisation du fichier

---

[38] Le 17 janvier est un jour férié en RDC en commémoration de l'assassinat de son premier Premier ministre, Patrice Émery Lumumba, intervenu en 1961.

[39] Au cours de ces événements, la *Fédération internationale des droits de l'Homme* (FIDH) décomptait, au 21 janvier 2015, *« 42 morts à Kinshasa »* (« RDC : Déjà 42 mors dans les manifestations contre la loi électorale », communiqué de presse du 21 janvier 2015, [en ligne], URL : https://www.fidh.org/fr/regions/afrique/rdc/16831-rdc-deja-42-morts-dans-les-manifestations-contre-la-loi-electorale), tandis que *Human Rights Watch* faisait état de la mort par balles d'*« au moins 38 manifestants à Kinshasa et cinq à Goma »* (*Rapport mondial 2016 : République démocratique du Congo. Événements de 2015,* janvier 2016, p.1, [en ligne], URL : https://www.hrw.org/sites/default/files/democraticrepublicofcongo_fr.pdf).

[40] Daniel FLYNN et Aaron ROSS, « Congo Senate bows to protests, drops reforms seen delaying vote », *Reuters*, 23 janvier 2015, [en ligne], URL : http://www.reuters.com/article/us-congodemocratic-politics-idUSKBN0KW12220150123.

[41] Radio Okapi, « Sénat : le recensement et l'identification de la population élagués de la loi électorale », 23 janvier 2015, [en ligne], URL : http://www.radiookapi.net/actualite/2015/01/23/senat-le-

électoral. Le président de l'Assemblée nationale fut ainsi, à son corps défendant, contraint de déclarer *« le retrait pur et simple »*[42] de l'alinéa controversé, qui fut, de ce fait, extirpé du texte de la nouvelle loi électorale[43].

Assistait-on là au dernier épisode de la tentative du coup d'État constitutionnel programmé par le régime en place ? Rien n'est moins sûr. Car cette subite volte-face du pouvoir dans un climat politique tendu n'était apparemment destinée qu'à calmer les esprits, avant de tenter un ultime essai, cette fois juridictionnel.

9.- *Δ Le recours en interprétation de la Constitution : dernier alibi au refus d'alternance.-* C'est dans ce contexte que, par une requête du 14 avril 2016, enregistrée au greffe de la Cour constitutionnelle le 18 avril de la même année (ci-après « la Requête du 14 avril 2016 »), un groupe de 276 députés nationaux saisirent la Cour en *« interprétation de l'article 70 de la Constitution du 18 février 2006 telle que modifiée par la Loi n° 11/002 du 20 janvier 2011 en relation avec les articles 75, 76, 103 et 197 de la même Constitution »*[44]. La question principale posée à la Cour

recensement-lidentification-de-la-population-elagues-de-la-loi-electorale. Le soulignement a été ajouté.

[42] Assemblée Nationale, « Loi électorale : l'Assemblée nationale retire l'alinéa controversé », 25 janvier 2015, [en ligne], URL : http://www.assemblee-nationale.cd/v2/?p=4588.

[43] Loi n° 15/001 du 12 février 2015 modifiant et complétant la Loi n° 06/006 du 09 mars 2006 portant organisation des élections présidentielle, législatives, provinciales, urbaines, municipales et locales telle que modifiée par la loi N° 11/003 du 25 juin 2011, *JORDC*, numéro spécial, 17 février 2015, p. 5.

[44] Cour const. RDC, *Emmanuel Ramazani Shadary et al.*, R. Const. 262, 11 mai 2016, *JORDC*, numéro spécial, 5 juillet 2016, p. 4 (ci-après

portait sur le sort juridique du président de la République en exercice en cas de non-tenue de l'élection présidentielle dans le délai constitutionnel [45]. Pouvait-il ou non rester en fonction au terme de son dernier mandat ? Le 11 mai 2016, la Cour constitutionnelle répondit à cette question comme suit : *« Pour consacrer le principe de la continuité de l'État affirmé par l'article 69 de la Constitution, l'article 70 alinéa 2 de la Constitution permet au Président de la République actuellement en exercice de rester en fonction jusqu'à l'installation effective du nouveau Président élu »*[46].

10.- *Problématique*.- L'application sans réserve du principe de la continuité de l'État tel qu'interprété par la Cour au sujet de l'alinéa 2 de l'article 70 de la Constitution pose un problème capital : un chef d'État de mauvaise foi peut-il être autorisé, au nom du principe de la continuité de l'État, à demeurer au pouvoir pour assurer le fonctionnement régulier des institutions qu'il a lui-même délibérément perturbé ? Si oui, quel serait l'intérêt de la limitation du nombre de mandats si le chef de l'État sortant pouvait légalement demeurer au pouvoir *ad vitam aeternam* au nom du principe

---

« l'Arrêt du 11 mai 2016 »). Ces dispositions constitutionnelles traitent, notamment, de la vacance au poste de président de la République (art. 75 et 76), mais aussi respectivement du terme des mandats des députés nationaux (art. 103, al. 2), des sénateurs (art. 105, al. 2) et des députés provinciaux (art. 197, al. 6).

[45] Aux termes de l'article 73 de la Constitution, *« le scrutin pour l'élection du Président de la République est convoqué par la Commission électorale nationale indépendante, quatre-vingt-dix jours avant l'expiration du mandat du Président en exercice »*. Le président sortant ayant prêté serment le 20 décembre 2011, l'élection de son successeur devrait avoir lieu quatre-vingt-dix jours avant le 20 décembre 2016.

[46] Arrêt du 11 mai 2016, p. 16.

constitutionnel de la continuité de l'État ? Sinon, comment et dans quelle mesure le juge constitutionnel pourrait-il faire respecter la Constitution en pareille circonstance ? Telles sont les questions que la présente étude tentera d'élucider.

11.- ***Plan du travail.***- L'Arrêt du 11 mai 2016 intervient dans un contexte de tensions politiques consécutives à ce qui apparaît dans l'opinion et la classe politique comme le refus constant du pouvoir en place d'organiser les élections générales à termes échus. Il est, en effet, reproché au Gouvernement de priver la Commission électorale nationale indépendante (CENI) [47] de moyens conséquents pour mener à bien sa mission[48].

L'échéance du dernier mandat présidentiel s'approchant à grands pas, l'arrêt de la Cour apparaîtra donc, aux yeux du pouvoir en place, comme la seule issue possible à l'impasse politique qu'il avait préméditée et qui poignait déjà à l'horizon (Chapitre 1).

Dans ces circonstances, cet arrêt apparaîtra aussi, en même temps et par la force des choses, comme le dernier maillon de la chaîne constituant le processus du coup d'État constitutionnel patiemment mis en place depuis le premier quinquennat de Joseph Kabila (Chapitre 2).

---

[47] La CENI est instituée par l'article 211 de la Constitution. Elle est *« chargée de l'organisation du processus électoral, notamment de l'enrôlement des électeurs, de la tenue du fichier électoral, des opérations de vote, de dépouillement et de tout référendum »* (art. 211, al. 2).

[48] Lire, à ce sujet, Isidore KWANDJA NGEMBO, « RD CONGO – Élection présidentielle hypothétique : la RDC navigue dans les eaux troubles », *Courrier des Afriques*, 24 décembre 2015, [en ligne], URL : http://www.courrierdesafriques.net/2015/12/rd-congo-election-presidentielle-hypothetique-la-rdc-navigue-dans-les-eaux-troubles.

Chapitre 1

L'Arrêt du 11 mai 2016, une issue juridique à l'impasse politique

12.- ***Contexte de l'Arrêt du 11 mai 2016.***- La Requête du 14 avril 2016 mentionne clairement son contexte, à savoir le débat juridique sur le sort du président de la République en cas de non-organisation, de plus en plus avérée, de l'élection présidentielle dans le délai constitutionnel[49]. Deux thèses s'affrontent alors dans les milieux scientifiques et politiques. La première, dite de la vacance du pouvoir, est celle qui considère que, si l'élection présidentielle n'est pas organisée au terme du mandat présidentiel, il se crée une vacance à la magistrature suprême qui nécessite un intérim selon les mécanismes constitutionnels.

À l'opposé de cette thèse, celle dite du « glissement », notamment soutenue par les députés requérants, considère que la non-tenue de l'élection présidentielle à terme échu ne crée pas de vide à la tête de l'État puisque, conformément à l'alinéa 2 de l'article 70 de la Constitution, le président de la République en exercice reste en fonction jusqu'à l'installation effective de son successeur.

La Cour avait donc mission de départager les tenants des deux thèses. Une lecture attentive de sa décision permet de constater qu'elle paraît insatisfaisante au regard de la première thèse (section 1). Quant à la seconde, la Cour y a fait droit en se fondant sur le principe de la continuité de l'État dont elle a fait une interprétation en demi-teinte (section 2).

[49] Arrêt du 11 mai 2016, pp. 5-6.

Section 1 : Une réponse insatisfaisante à la thèse de la vacance du pouvoir

13.- Il sera question ici des moyens soumis à la Cour et des réponses qu'elle y a apportées (§ 1). Ces moyens seront examinés dans leur contexte d'ensemble à la lumière du débat qui a divisé le monde politique et la communauté scientifique sur les questions soumises à la Cour. Une appréciation critique (§ 2) fera le point en fin d'analyse.

§ 1. Exposé théorique

14.- ***Arguments favorables***.- ◊ *Moyens soutenus*.- Les tenants de la thèse dite de la vacance du pouvoir partent de l'idée que la non-organisation de l'élection présidentielle à terme échu crée une vacance du pouvoir au sommet de l'État. Ils considèrent que, dans ces circonstances, doivent être mis en action les mécanismes d'intérim prévus par l'article 75 de la Constitution, qui dispose qu' *« en cas de vacance pour cause de décès, de démission ou pour toute autre cause d'empêchement définitif, les fonctions de Président de la République, à l'exception de celles mentionnées aux articles 78, 81 et 82 sont provisoirement exercées par le Président du Sénat »*[50]. Ils en concluent que, conformément à l'alinéa 1e de

[50] Les prérogatives présidentielles soustraites de la compétence du président intérimaire sont celles relatives au pouvoir de nomination du premier ministre et des membres du Gouvernement (art. 78), des hauts fonctionnaires civils et militaires (art. 81) ainsi que des magistrats (art. 82).

l'article 76[51], la Cour devrait, sur saisine du Gouvernement, déclarer le poste de président de la République vacant pour permettre au président du Sénat d'assurer l'intérim et de veiller à la tenue de l'élection présidentielle que le pouvoir en place n'a pu ou voulu organiser. On retrouve, parmi les tenants de cette thèse, les Professeurs Jacques Djoli Es'Engekeli[52] et André Mbata B. Mangu. Pour ce dernier, en effet :

> *« Dans l'état actuel des choses, si l'élection n'est pas organisée d'ici le 19 décembre 2016, la fin du second et dernier mandat du Président Joseph Kabila créera une vacance de la Présidence de la République pour cause d'empêchement définitif, son mandat étant irrévocablement arrivé à son terme. Un gouvernement responsable devra alors saisir la Cour constitutionnelle pour déclarer la vacance de la Présidence de la République et investir le Président du Sénat comme Président de la République par intérim »*[53].

---

[51] L'article 76, alinéa 1e, de la Constitution dispose que *« la vacance de la présidence de la République est déclarée par la Cour constitutionnelle saisie par le Gouvernement »*.

[52] Voir, à ce sujet, RADIO OKAPI, « Analyse de l'arrêt de la Cour constitutionnelle sur le maintien au pouvoir de Joseph Kabila en l'absence d'élection », émission radiophonique du 12 mai 2016, [en ligne], http://www.radiookapi.net/sites/default/files/2016-05/120516-p-f-dec-analyse_arret_courconstitutionnelle-00.mp3).

[53] Jacques NKALE BUANGA, « Prof. André Mbata Mangu : L'article 70 ne parle pas de l'élection, mais de l'installation effective du nouveau Président élu », interview donnée par le Pr. André Mbata B. Mangu, 17 avril 2016, [en ligne], http://www.ingeta.com/prof-andre-mbata-mangu-interview/.

C'est donc à ce président intérimaire que reviendrait la tâche d'organiser l'élection présidentielle que le président sortant n'a pu ou voulu organiser : *« Si l'élection présidentielle n'est pas organisée dans les délais, elle devrait intervenir au plus tard 120 jours après la fin du mandat du président partant, conduites sous la haute autorité du Président du Sénat, Président intérimaire »*[54].

15.- *◊ Le terme du mandat, cas d'empêchement définitif.-* À la question de savoir quel serait le cas d'ouverture d'une telle vacance, les tenants de cette thèse soutiennent que le terme du mandat présidentiel aurait pour conséquence de le placer dans une situation d'*empêchement définitif*. On a ainsi affirmé que « *le Président sortant ayant épuisé ses deux mandats électifs consécutifs ne peut attendre à la tête de l'État l'installation d'un Président fictif, car il est tombé, après l'exercice de deux mandats successifs, sous le coup d'empêchement définitif par la Constitution*»[55].

16.- *◊ Inapplicabilité de la thèse.-* Réaliste, une autre tendance de cette thèse relève cependant la difficulté de son application du fait que l'ouverture de la vacance exige une déclaration préalable de la Cour constitutionnelle saisie par le

---

[54] Freddy MATUNGULU MBUYAMU ILANKIR, « Déclaration politique du Prof. Matungulu Mbuyamu, initiateur de Congo Na Biso (CNB) », Washington, 9 juin 2016, § 2, [en ligne], URL : https://majoritesilencieuserdc.wordpress.com/2016/06/09/conclave-de-bruxelles-declaration-du-prof-matungulu/.

[55] Jean Claude KASHAMA-NKOY, « La continuité de l'État, la vacance, l'alternance politique et la crise de légitimité en démocratie », *Le Phare*, 8 avril 2016, [en ligne], URL : http://www.lephareonline.net/continuite-de-letat-vacance-lalternance-politique-crise-de-legitimite-democratie/.

Gouvernement. Est-il, en effet, raisonnable d'attendre d'un pouvoir ayant délibérément refusé d'organiser l'élection présidentielle pour orchestrer le « glissement » de saisir la Cour pour constater la vacance au poste de président de la République, permettant ainsi que ce dernier soit écarté du pouvoir au profit d'un président intérimaire ?

À l'évidence, une telle démarche ne saurait s'inscrire dans le cadre du processus transversal du coup d'État constitutionnel mis en place depuis la fin du premier quinquennat. Aussi a-t-on pu lire : *« Eu égard aux circonstances, aux déclarations et aux actes que posent le Gouvernement et la famille politique du Président de la République concerné depuis 2011, bonne chance à ceux et celles qui pensent que le Gouvernement en place saisira la Cour constitutionnelle à cet effet dès le 19 ou le 20 septembre 2016 si la CENI n'a pas convoqué [à cette date limite constitutionnelle] le scrutin de l'élection du Président de la République »*[56].

17.- *Contradiction*.- La thèse de la vacance du pouvoir est récusée par ceux qui considèrent qu'elle est fondée sur une confusion théorique, tant le terme d'un mandat présidentiel ne saurait être assimilé à un cas d'empêchement définitif. On a pu, ainsi, écrire qu'*« en droit constitutionnel français qui a inspiré notre constitution, l'empêchement définitif fait exclusivement allusion à l'impossibilité physique de la personne d'exercer une*

[56] Zéphirin ZABO, « RDC, la requête en interprétation : un couteau à double tranchant susceptible de se détourner contre "Kabila" pour haute trahison », *Kongo Times*, 28 avril 2016, p. 5, [en ligne], URL : http://fr.kongotimes.info/2016/04/28/rdc-requete-interpretation-couteau-double-tranchant-susceptible-retourner-contre-kabila-haute-trahison/.

fonction d'État dont elle a le mandat »[57]. Or, en l'espèce, l'échéance d'un mandat présidentiel ne saurait être considérée comme une impossibilité physique de l'exercice de la fonction présidentielle.

Dans un effort de systématisation, certains ont fait une distinction entre une *indisponibilité physique* et une *indisponibilité juridique*, la vacance ne s'appliquant qu'à la première hypothèse : *« la vacance est l'indisponibilité physique de la personne et non pas une indisponibilité par légitimité ni indisponibilité juridique »* [58] . Rien n'est cependant dit à propos de l'indisponibilité juridique.

Plus pédagogues, d'autres ont tenu, avant tout, à définir la vacance comme *« le fait qu'une fonction se retrouve sans titulaire, mais, en plus, la période que dure cette situation »*[59]. Ceci étant précisé, ils rejettent la thèse de la vacance du pouvoir au motif que *« la notion de vacance, telle que définie par l'article 75 de la Constitution, correspond, à travers chacune des situations de son ouverture, à* une interruption

---

[57] LE MAXIMUM et Daniel MAKILA K., « Polémique sur les délais constitutionnels : "empêchement définitif" et "intérim" à la Présidence de la République : des concepts manipulés », *Le Maximum,* 8 mars 2016, [en ligne], URL : http://lemaximum.cd/polemique-sur-les-delais-constitutionnels-empechement-definitif-et-interim-a-la-presidence-de-la-republique-des-concepts-manipules/.

[58] Jean-Marie NKAMBUA, « Impasse face à l'absence de l'élection présidentielle en 2016 », interview accordée par le Pr. Auguste Mampuya Kanunk'a Tshiabo, *L'Avenir*, 17 mars 2016, [en ligne], URL : http://groupelavenir.org/impasse-fa-ce-a-labsence-de-lelection-presidentielle-en-2016/.

[59] Auguste MAMPUYA KANUNK'A-TSHIABO, Dieudonné KALUBA DIBWA et Noël BOTAKILE BATANGA, *La vacance des institutions politiques sous la Constitution du 18 février 2006,* Eucalyptus, Kinshasa, 2016, p. 30.

d'un mandat en cours de validité et d'exercice »[60], d'une part, et, de l'autre, qu' *« elle est instituée pour combler* une période d'indisponibilité physique *définitive du titulaire d'un mandat non encore arrivé à expiration ou à son terme constitutionnel »*[61].

18.- ***Synthèse***.- De tout ce qui précède, on peut retenir que les moyens soutenus par les deux camps sont inconciliables. En effet, si, pour les tenants de la thèse de la vacance, la seule arrivée du terme du mandat du chef de l'État en exercice est assimilée à un empêchement définitif, leurs adversaires contestent cette vision de choses pour deux raisons principales. La première c'est que l'empêchement définitif consiste en une indisponibilité physique. Or le terme d'un mandat n'en est pas un. La seconde c'est que l'empêchement définitif vient interrompre un mandat en cours. Or, le 20 décembre 2016, le président en exercice aura terminé son mandat. Telle est la controverse que la Cour fut appelée à trancher.

§ 2. Position de la Cour

19.- La position de la Cour sur ce débat apparaît dans les motifs de l'Arrêt du 11 mai 2016 (I) qu'il convient de scruter attentivement pour mieux en apprécier la pertinence (II).

---

[60] A. MAMPUYA KANUNK'A-TSHIABO, D. KALUBA DIBWA et N. BOTAKILE BATANGA, *La vacance des institutions politiques sous la Constitution du 18 février 2006*, op. cit, p. 48.
[61] *Ibid.*

I. Les motifs de la décision

20.- Pour trancher cette question, la Cour a procédé par une analyse en trois étapes qui consiste, d'abord, à situer le moment de la vacance, ensuite, à déterminer ses cas d'ouverture et, enfin, à en préciser la procédure.

21.- ***La période de vacance***.- La Cour répond, de prime abord, à la question de savoir à quel moment précis de l'exercice du mandat présidentiel intervient la notion de vacance : *« La Cour relève des articles 75 et 76 de la Constitution que la vacance de la présidence de la République est la conséquence de certains événements qui surviennent* en cours de mandat *: décès, démission ou toute autre cause d'empêchement définitif »*[62]. Ainsi, d'entrée de jeu, la Cour s'écarte de l'interprétation proposée par les tenants de la thèse de la vacance qui situent le débat à l'expiration du mandat présidentiel.

Les cas d'ouverture de la vacance qu'elle cite suppose donc qu'ils viennent *interrompre le cours normal d'un mandat*. C'est le cas, d'abord, du décès. S'il intervient en cours de mandat, il entraîne inéluctablement l'interruption de celui-ci. Le décès intervenu après le mandat n'est, bien entendu, pas pris en compte puisque l'intéressé est, entre-temps, redevenu un citoyen ordinaire.

La démission suppose une renonciation volontaire à la poursuite de l'exercice d'un mandat. Elle a donc, à l'instar du décès, pour effet d'interrompre un mandat en cours.

Enfin, l'empêchement, qu'il soit provisoire ou définitif, suppose qu'une cause extérieure « empêche » le chef de

---

[62] Arrêt du 11 mai 2016, pp. 14-15. Le texte d'origine n'est pas souligné.

l'État de poursuivre l'exercice de son mandat. En conséquence, les dispositions constitutionnelles relatives à la vacance n'ont pas lieu de s'appliquer en l'espèce.

22.- ***Les cas d'ouverture de la vacance***.- Surabondamment, la Cour aborde les cas d'ouverture de la vacance. À cet effet, elle relève que *« la vacance de la présidence de la République renvoie à l'hypothèse où la fonction présidentielle reste sans titulaire, à la suite du décès du Président de la République, de sa démission ou de sa destitution par une décision de justice par exemple, c'est-à-dire la situation où le poste de Président de la République n'est plus occupé, où est constaté l'empêchement définitif du titulaire de cette fonction, pour l'une des causes énumérées par l'article 75 de la Constitution »*[63]. Pour la Cour, en effet, *« la* vacance *se produit lorsqu'il n'y a plus de Président de la République, pour cause de démission, décès, ou pour toute autre cause d'empêchement définitif, notamment la maladie, la captivité, la destitution par la Cour constitutionnelle à la suite d'une condamnation pénale, etc. »*[64].

On peut, à ce stade, s'interroger sur l'intérêt d'un tel considérant. En effet, en se contentant de donner une liste indicative des cas d'empêchement définitif sans définir cette notion, la Cour ne permet pas de comprendre le raisonnement qui lui a permis de rejeter le terme d'un mandat comme non constitutif d'empêchement définitif. On reviendra sur cette question au paragraphe 33 ci-dessous.

---

[63] Arrêt du 11 mai 2016, p. 15.
[64] *Id.*, pp. 15-16.

23.- ***La procédure de constat de vacance***.- S'agissant de la procédure de constat de vacance, la Cour relève qu' *« elle doit être formellement constatée par la Cour constitutionnelle, sur saisine du Gouvernement, conformément à l'article 76 alinéa 1 de la Constitution, tandis que l'intérim du Président de la République est alors assuré par le Président du Sénat, qui veille à l'organisation par la CENI de l'élection du nouveau Président de la République dans les délais constitutionnels »*[65]. Pour la Cour, la vacance au poste de président de la République n'intervient donc pas d'office, c'est-à-dire dès la survenance de l'événement qui en est à l'origine (décès, démission ou empêchement définitif).

La liste des cas d'ouverture de la vacance n'étant qu'indicative, il appartiendra à la Cour, chaque fois qu'elle en sera saisie par le Gouvernement, de constater formellement la vacance. On peut en conclure que la Cour se réserve le droit de statuer sur cette question si, au terme du mandat du président actuel, elle était saisie par le Gouvernement d'une requête en constat de vacance, dont on peut lire en pointillé qu'elle serait probablement rejetée puisque ne s'agissant pas d'un cas d'ouverture de vacance intervenant en cours de mandat. L'introduction d'une telle requête relève d'ailleurs, compte tenu des circonstances de l'espèce, d'une pure hypothèse d'école.

---

[65] Arrêt du 11 mai 2016, p. 16.

II. Appréciation critique

24.- ***Une décision conforme au droit...***- Les articles 75 et 76 de la Constitution traitent de la vacance et de l'empêchement, qui constituent des ***causes d'interruption et de suspension du mandat présidentiel***. Ils supposent donc qu'un mandat, qui n'est pas encore arrivé à terme, est interrompu ou suspendu en raison des circonstances de fait (décès, maladie, captivité, etc.) ou de droit (démission, condamnation pénale, destitution, etc.). Dans ce cas, un intérimaire ou un suppléant est, selon le cas, désigné pour pourvoir à la vacance à la magistrature suprême ou au remplacement du président, assurant ainsi la continuité de l'État. On ne saurait donc invoquer la vacance ou l'empêchement pour un président ayant exercé son mandat jusqu'à son terme.

Le problème juridique qui se pose au terme du mandat présidentiel est plutôt celui de l'*interrègne* [66] que de la *vacance* ou de l'*empêchement*. La thèse dite de la vacance du pouvoir est donc manifestement infondée. C'est à juste titre que la Cour l'a rejetée.

25.- ***... Mais insatisfaisante***.- L'Arrêt du 11 mai 2016 est cependant loin d'être satisfaisant, dans la mesure où il entretient une confusion conceptuelle entre les notions de vacance et d'empêchement. Bien plus, s'il refuse, à juste titre, de considérer le terme d'un mandat comme constitutif d'empêchement définitif, il ne définit pas cette notion,

---

[66] Voir, à ce sujet, Jean GICQUEL, « Sur la continuité de l'État », in *Au carrefour des droits*, Mélanges en l'honneur de Louis Dubouis, Dalloz, Paris, 2002, p. 574.

entretenant ainsi une confusion sur une notion sur laquelle le Constituant lui-même n'a pas une conception univoque.

26.- ◊ *Une confusion conceptuelle : vacance ou empêchement ?*- Il résulte tant de la littérature juridique sur la thèse de la vacance que de l'arrêt même de la Cour une certaine confusion entre les notions de *vacance* et d'*empêchement définitif*. La Cour affirme, à cet effet, que *« la vacance de la présidence de la République renvoie à l'hypothèse où la fonction présidentielle reste sans titulaire, à la suite du décès du Président de la République, de sa démission ou de sa destitution par une décision de justice par exemple, c'est-à-dire la situation où le poste de Président de la République n'est plus occupé, où est constaté l'empêchement définitif du titulaire de cette fonction, pour l'une des causes énumérées par l'article 75 de la Constitution »*[67]. Comme on le verra[68], la Cour met dans ce considérant les deux acceptions (*lato sensu* et *stricto sensu*) du concept de « vacance », rendant ainsi confuse sa distinction avec la notion d'empêchement définitif.

Cette confusion conceptuelle apparaît même dans la doctrine, certains allant jusqu'à affirmer l'équipollence des deux notions : *« Le concept "vacance" a un sens de "empêchement définitif", celui-ci découlant du décès du titulaire du mandat, de sa démission ou d'une toute autre cause »*[69]. Pour ces auteurs, une telle équipollence serait également de mise en droit français, inspirateur du droit

---

[67] Arrêt du 11 mai 2016, p. 15.

[68] *Infra*, § 27 et suivants.

[69] A. MAMPUYA KANUNK'A-TSHIABO, D. KALUBA DIBWA et N. BOTAKILE BATANGA, *La vacance des institutions politiques sous la Constitution du 18 février 2006*, op. cit., p. 30.

congolais en la matière : « *Si la Constitution française, en se contentant de dire* "vacance pour quelque cause que ce soit", *n'énonce pas les hypothèses à envisager, les commentateurs estiment unanimement qu'en pratique l'expression vise les cas de décès, de démission* ou d'empêchement définitif, *auxquels s'ajoute la destitution par la Haute Cour [article 68 de la Constitution française]* » [70] . Aucun de ces commentateurs n'est cité.

Dans tous les cas, cette affirmation est erronée. Car la Constitution française fait une nette distinction entre vacance et empêchement : « *En cas de vacance de la Présidence de la République, pour quelque cause que ce soit,* ou d'empêchement *constaté par le Conseil constitutionnel* […] »[71]. Cette disposition constitutionnelle prévoit donc deux causes interruptives du mandat présidentiel : la vacance et l'empêchement. La doctrine française fait également une nette distinction entre les deux notions. Elle ne considère pas, on le verra[72], l'empêchement définitif comme une hypothèse de vacance.

À la vérité, suivant les pays, la notion d'empêchement définitif est, par rapport à la vacance, soit une cause interruptive concurrente, soit un cas d'ouverture. Dans un cas comme dans l'autre, il n'y a pas d'équipollence entre les deux

---

[70] A. MAMPUYA KANUNK'A-TSHIABO, D. KALUBA DIBWA et N. BOTAKILE BATANGA, *La vacance des institutions politiques sous la Constitution du 18 février 2006,* op. cit., p. 38. Le soulignement a été ajouté.

[71] Art. 7, al. 4 de la Constitution du 4 octobre 1958, (*J.O. de la République française [JORF]*, n° 0238, 5 octobre 1958, p. 9151), modifiée par la loi constitutionnelle n° 2008-724 du 23 juillet 2008 de modernisation des institutions de la Ve République (*JORF*, 24 juillet 2008). Le soulignement a été ajouté.

[72] *Infra*, § 28 à 29.

notions. L'histoire constitutionnelle de la RDC connaît ces deux acceptions.

27.- *Δ L'empêchement définitif, cause interruptive concurrente du mandat présidentiel.*- Dans son *acception stricte*, la *vacance* s'entend d'une cause d'interruption du mandat présidentiel impliquant l'absence physique du président de la République à son poste, par opposition à l'*empêchement* qui suppose que, tout en étant présent à son poste, le président est néanmoins « empêché » d'exercer ses fonctions. ***La vacance et l'empêchement constituent donc deux causes concurrentes de suspension ou d'interruption du mandat présidentiel*** [73] . Inspirés par la Constitution française de la Ve République [74], plusieurs pays sur le continent[75] ont consacré la distinction entre les deux notions,

[73] Le mandat présidentiel est *suspendu* par un empêchement temporaire, et *interrompu* par un empêchement définitif ou la vacance (lire, sur cette question, Jean GICQUEL et Jean-Éric GICQUEL, *Droit constitutionnel et institutions politiques*, L.G.D.J., 29e éd., Paris, 2015, n° 1174, p. 598).

[74] Art. 7, al. 4. Il a, à cet effet, été écrit que *« l'article 7 de la Constitution prévoit deux hypothèses d'interruption définitive du mandat, l'empêchement définitif et la vacance »* (Charles DEBBASCH *et al.*, *Droit constitutionnel et institutions politiques*, Economica, 4e éd., Paris, 2001, p. 677).

[75] Voir, notamment, art. 11, al. 2, de la Charte de la transition burkinabè du 16 novembre 2014 ; art. 36, al. 2, de la Constitution malienne du 27 février 1992, Décret n° 92-0731 P-CTSP portant promulgation de la constitution, [en ligne], URL : https://www.un.int/mali/sites/www.un.int/files/Mali/decret_ndeg_92-0731_p-ctsp_portant_promulgation_de_la_constitution.pdf, ; art. 52, al. 1e, de la Constitution de la République de Madagascar du 11 décembre 2010, [en ligne], URL : https://www.ilo.org/dyn/natlex/docs/ELECTRONIC/87885/100324/F1780692018/Madagascar,%20Constitution%20de%20la%20IVe%20Republi

doublement fondée sur les concepts d'absence et de défaillance, d'une part, et, de l'autre, de la fonction et de son titulaire.

28.- **Absence et défaillance.*- La première différence entre vacance et empêchement gît, d'abord, dans les notions d'*absence* et de *défaillance*. La vacance renvoie à la notion d'*absence*, l'empêchement, lui, à celle de *défaillance*. En effet, la vacance suppose qu'un mandat ou une fonction reste sans titulaire par suite de l'absence physique de l'intéressé. C'est dans ce contexte que ce concept a été défini comme le *« temps pendant lequel une fonction reste sans titulaire »*[76].

Les cas d'ouverture de la vacance sont nombreux. En effet, l'absence du titulaire d'une fonction publique peut résulter *« de son décès, de sa démission, d'une annulation ou de sa condamnation »*[77]. Ils ont pour conséquence de rendre le poste concerné vacant par l'absence physique de son titulaire. Par opposition à l'empêchement, qui peut être temporaire, la vacance est, elle, toujours définitive[78]. Elle

que%202010.pdf ; art. 76, al. 1e, de la Constitution tchadienne du 31 mars 1996, révisée, [en ligne], URL : http://democratie.francophonie.org/IMG/pdf/Constitution_revisee_de_la_Republique_du_Tchad.pdf.

76 Serge GUINCHARD et Thierry DEBARD (dir.), *Lexique des termes juridiques 2016-2017*, Dalloz, 24e éd., Paris, 2016, p. 1109 ; Catherine PUIGELIER, *Dictionnaire juridique*, Larcier, Bruxelles, 2015, p. 1023.

77 Pierre AVRIL et Jean GICQUEL, *Lexique de droit constitutionnel*, PUF, 4e éd., Paris, 2013, p. 123.

78 Voir, à ce sujet, Michel DE VILLIERS et Armel LE DIVELLEC, *Dictionnaire du droit constitutionnel*, Dalloz, 9e éd., Paris, 2013, pp. 148 et 359.

crée ainsi un *« vide »*[79] interrompant le cours d'un mandat, ce qui entraîne, par voie de conséquence, la mise en place des mécanismes de suppléance ou d'intérim[80] aux fins d'assurer la continuité de l'État.

En revanche, l'empêchement constitue une tout autre situation. On ne se trouve plus dans l'hypothèse d'un vide créé par l'absence du titulaire du mandat. Celui-ci, *quoique physiquement présent*, rencontre un *« obstacle »* [81] qui le met dans une *« impossibilité »* [82] d'exercer ses fonctions. Ici, donc, le titulaire du mandat n'est pas *absent*. Il est *défaillant*[83].

Plusieurs cas de figure peuvent caractériser un empêchement à l'exercice de la fonction présidentielle : *« Ce peut être un empêchement physique ou mental dû à la maladie, un empêchement moral tel que celui qui frapperait le chef de l'État traduit devant la Haute Cour de Justice ou*

---

79 Jean GICQUEL, « L'article 7 de la Constitution de 1958 », in François LUCHAIRE et Gérard CONAC, (dir.), *La Constitution de la République française. Analyses et commentaires*, Economica, 2e éd., Paris, 1979, p. 354.

80 La suppléance et l'intérim sont, d'abord, deux notions de droit administratif (voir, à ce sujet, Michel DE VILLIERS et Thibault DE BERRANGER (dir.), *Droit public général. Institutions politiques, administratives et européennes, droit administratif, finances publiques et droit fiscal*, LexisNexis, 6e éd., Paris, 2015, n° 749, p. 663). Appliqués au droit constitutionnel, la *suppléance* intervient en cas d'empêchement temporaire, l'*intérim*, d'empêchement définitif ou de vacance (lire, à ce sujet, J. GICQUEL et J.-É. GICQUEL, *Droit constitutionnel et institutions politiques*, op. cit, n° 1174, p. 598).

81 P. AVRIL et J. GICQUEL, *Lexique de droit constitutionnel*, idem, p. 49 ; Jean GICQUEL, « L'article 7 de la Constitution de 1958 », *idem*, p. 354.

82 S. GUINCHARD et T. DEBARD (dir.), *Lexique des termes juridiques 2016-2017*, idem, p. 446.

83 Jean GICQUEL, « L'article 7 de la Constitution de 1958 », *idem*, p. 349.

devant une cour d'assises, un empêchement matériel résultant d'un enlèvement »[84]. On peut, dans cette dernière catégorie d'empêchement, citer le cas d'une guerre ou d'une crise ayant pour conséquence de maintenir le titulaire de la fonction *« éloigné de l'appareil du pouvoir »*[85]. Absence et défaillance constituent donc la clé de la distinction entre vacance et empêchement.

29.- * *La fonction et son titulaire*.- On peut également, toujours dans le souci d'éclairer la distinction entre vacance et empêchement, préciser que, si la vacance se rapporte à la fonction, l'empêchement, lui, a trait au titulaire de la fonction. On parle ainsi, non pas de la *« vacance du président »* – sauf à mettre ce concept au pluriel, auquel cas il aurait une tout autre signification – mais plutôt de la *« vacance de la magistrature suprême »* [86]. C'est, en effet, le poste de président qui est vacant, ce qui nécessite que l'on puisse *« pourvoir à la vacance »*, notamment par le mécanisme d'intérim.

En revanche, l'empêchement s'applique, non plus au poste, mais bien à son titulaire. C'est, en effet, lui qui est *empêché* d'exercer ses fonctions, auquel cas on devra *« pourvoir à son remplacement »* [87]. On peut donc, dans ce contexte, affirmer que *« la mise en place de l'intérim pallie* la vacance de la

---

[84] Ch. DEBBASCH *et al.*, *Droit constitutionnel et institutions politiques*, op. cit., pp. 676-677.

[85] Francis HAMON et Michel TROPER, *Droit constitutionnel*, LGDJ-Lextenso, 36e éd., Issy-les-Moulineaux, 2015, n° 142, p. 139.

[86] J. GICQUEL, « Sur la continuité de l'État », *op. cit.*, p. 574.

[87] S. GUINCHARD et T. DEBARD (dir.), *Lexique des termes juridiques 2016-2017*, op. cit., p. 446. Dans le même sens, F. HAMON et M. TROPER, *Droit constitutionnel*, idem, n° 142, p. 140.

magistrature suprême *ou* l'empêchement définitif de son titulaire »[88].

30.- *Δ L'empêchement définitif, cas d'ouverture de la vacance.*- Le concept de « vacance » peut aussi être entendu dans une *acception large*. Il a alors le sens de l'inoccupation effective, quelle qu'en soit l'origine, du poste présidentiel. Cette inoccupation peut, d'abord, être d'origine juridique. C'est le cas de la démission ou de la destitution. Elle peut également être d'origine factuelle (décès, maladie, enlèvement, captivité, etc.). Dans un cas comme dans l'autre, ces différentes causes interruptives ont pour conséquence de rendre inoccupé le poste de président de la République.

Vu sous cet angle, l'empêchement constitue un cas d'ouverture de la vacance (au sens large). Il conserve néanmoins son sens originel d' « obstacle » rendant impossible l'exercice de la fonction présidentielle. Plusieurs Constitutions africaines consacrent cette acception. C'est, notamment, le cas de l'Algérie[89], du Bénin[90], du Congo-Brazzaville[91], du Cameroun[92], de la Guinée[93], du Niger[94], de

---

[88] J. GICQUEL, « Sur la continuité de l'État », *ibidem*. Le soulignement a été ajouté.

[89] Art. 102, al. 3, de la Constitution de la République algérienne démocratique et populaire, telle que modifiée par la loi n° 16-01 du 6 mars 2016, *J.O.*, n° 14, 7 mars 2016, p. 14.

[90] Art. 50 de la Loi n° 90-32 du 11 décembre 1990 portant Constitution de la République du Bénin, *J.O. de la République du Bénin*, n° 1, 1er janvier 1991.

[91] Art. 78, al. 1e, de la Constitution de la République du Congo du 25 octobre 2015.

[92] Art. 6-4 de la loi n° 96/06 du 18 janvier 1996 portant révision de la Constitution du 2 juin 1972, [en ligne] : URL : http://www.spm.gov.cm/documentation/textes-legislatifs-et-

la République centrafricaine[95], du Sénégal[96], du Togo[97] et de la Tunisie[98].

Dans tous les cas, la conception de l'empêchement comme cas d'ouverture de la vacance ne lui enlève en rien sa spécificité de *défaillance d'un président présent à son poste*. Aussi, bien que la Constitution guinéenne est de celles qui rangent l'empêchement définitif parmi les cas d'ouverture de la vacance, elle le définit néanmoins comme étant *« l'incapacité physique ou mentale dûment constatée par un collège de médecins spécialistes rendant le Président de la République inapte à exercer les charges de sa fonction »*[99]. Une définition similaire est adoptée par la Constitution nigérienne[100]. Qu'en est-il de la RDC ?

---

reglementaires/article/loi-n-9606-du-18-janvier-1996-portant-revision-de-la-constitution-du-02-juin-1972.html.

93 Art. 41 de la Constitution du 7 mai 2010, [en ligne], URL : http://la-constitution-en-afrique.org/article-la-constitution-du-7-mai-2010-50082228.html.

94 Art. 53, al. 1e, de la Constitution du 25 novembre 2011, [en ligne], URL : https://www.ilo.org/dyn/natlex/docs/ELECTRONIC/90281/103975/F1778860199/NER-90281.pdf.

95 Art. 35, al. 1e, de la Constitution, [en ligne], URL : http://www.assembleenationale-rca.org/wp-content/uploads/2016/04/projet-constitution-RCA-adopte-par-CNT-2015.pdf.

96 Art. 31, al. 2, de la Constitution du Sénégal, [en ligne], URL : http://www.jo.gouv.sn/spip.php?article36.

97 Art. 65, al. 1e, de la Constitution du 14 octobre 1992, *J.O. de la République togolaise*, numéro 36, 19 octobre 1992, p. 7.

98 Art. 84 de la Constitution du 27 janvier 2014, [en ligne], URL : http://www.businessnews.com.tn/bnpdf/Constitutionfrancais.pdf.

99 Art. 40.

100 Art. 53, al. 2, de la Constitution nigérienne du 25 novembre 2011.

31.- *Δ Les notions de vacance et d'empêchement en droit congolais.- * L'empêchement comme cause interruptive ou suspensive concurrente.-* On retrouve les deux notions de vacance et d'empêchement à travers l'histoire constitutionnelle de la RDC. Le premier texte juridique traitant de la question se trouve être la Loi fondamentale du 19 mai 1960 relative aux structures du Congo, Constitution transitoire du jeune État congolais venant d'accéder à l'indépendance. Elle stipule, en son article 33 : *« En cas de vacance ou si le chef de l'État se trouve dans l'impossibilité d'assumer ses fonctions, le Premier Ministre, après délibération en Conseil des Ministres, convoque les Chambres dans le plus bref délai et au plus tard dans les trente jours »*[101]. L' « impossibilité » d'exercice de la fonction de chef d'État traduit l'idée d'empêchement qui, en l'espèce, constitue une cause concurrente d'interruption de son mandat, au même titre que la vacance.

La Constitution de la Ire République remplacera le mot *impossibilité* par *empêchement* : *« En cas de vacance de la présidence de la République, par décès, démission ou pour quelque cause que ce soit, ou d'empêchement constaté par la Cour constitutionnelle [...], les fonctions de Président de la République sont provisoirement exercées par le président du Sénat »*[102]. Pour marquer une nette distinction entre les deux causes concurrentes d'interruption du mandat présidentiel, le Constituant précise : *« Dans l'esprit de la Commission, la vacance doit être constatée par la Cour constitutionnelle qui*

---

[101] Loi fondamentale du 19 mai 1960 relative aux structures du Congo, *Moniteur congolais*, n° 21 bis, 27 mai 1960, p. 1539.

[102] Art. 57, al. 1e, de la Constitution de la République démocratique du Congo du 1e août 1964, *Moniteur congolais*, numéro spécial, 5 octobre 1965, p. 16.

sera saisie par le Premier Ministre. Il en sera de même de l'empêchement » [103]. La vacance et l'empêchement constituent donc, aux yeux du Constituant de la Ire République, deux causes concurrentes d'interruption du mandat du chef de l'État.

La Constitution originelle de la IIe République a conservé intacte cette conception : *« En cas de vacance de la présidence par décès, démission ou pour quelque cause que ce soit, ou d'empêchement constaté par la Cour constitutionnelle saisie par le Gouvernement, les fonctions de Président de la République sont provisoirement exercées par le Président de l'Assemblée nationale »* [104]. L'institutionnalisation du parti unique en 1970 [105], et même le monopartisme intégral (Parti-État) consacré par la loi constitutionnelle du 15 août 1974[106], ne changeront rien à cette logique, les seuls changements intervenus en la matière concernant l'organe habilité à constater la vacance et à déclarer le caractère définitif de l'empêchement, ainsi que le président intérimaire[107].

---

[103] Mémoire explicatif de la Constitution, *Moniteur congolais,* idem, p. 77.

[104] Art. 23 de la Constitution de la République démocratique du Congo du 24 juin 1967, *Moniteur congolais*, n° 14, 15 juillet 1967, p. 567.

[105] Art. 1e de la loi n° 70-001 du 23 décembre 1970 portant révision de la Constitution, in IYELEZA MOJU-MBEY, MASIKA KATSUVA et ISENGINGO KAMBERE-NG'ISE, *Recueil des textes constitutionnels de la République du Zaïre. Du 19 mai 1960 au 28 avril 1991 avec, en annexe, la Charte coloniale du 18 octobre 1908*, Ise-Consult, Kinshasa, 1991, p. 94.

[106] Constitution, telle que modifiée par la loi n° 74/020 du 15 août 1974 portant révision de la Constitution du 24 juin 1967, Imprimerie de l'État, Kinshasa, s.d.

[107] Sous la loi constitutionnelle de 1974, le constat de la vacance et de l'empêchement, naguère dévolu aux Chambres (art. 33, al. 3 de la Loi

32.- * *L'empêchement comme cas d'ouverture de la vacance.*- Une loi constitutionnelle du 15 février 1978 viendra introduire la notion de vacance au sens large, l'empêchement définitif devenant, du coup, un de ses cas d'ouverture au même titre que les autres causes interruptives de mandat. L'article 38 de la Constitution, qui traite de la question, fut donc réécrit comme suit :

> *« Les fonctions du Président du Mouvement Populaire de la Révolution, Président de la République, prennent fin par décès, démission, destitution ou empêchement définitif.*
>
> *Le Bureau Politique constate le décès et l'empêchement définitif ; il prend acte de la démission ; il prononce la destitution conformément à l'article 62 de la présente constitution.*
>
> *Dans tous les cas énumérés à l'alinéa 1er, le Bureau politique informe la Nation par un message.*
>
> *Lorsque la vacance est constatée par le Bureau politique, les fonctions de Président du Mouvement Populaire de la Révolution, Président de la République, sont provisoirement exercées par le plus âgé des commissaires politiques. Toutefois, les dispositions de l'article 40 de la présente Constitution ne lui sont pas applicables.*

---

fondamentale) et à la Cour constitutionnelle (art. 57, al. 1e et 2 de la Constitution du 1e août 1964, et 23, al. 1e et 2, de la Constitution originelle du 24 juin 1967), relève désormais de la compétence du Bureau politique (art. 33, al. 1e). L'intérim, qui était assuré par le Conseil des ministres sous la Loi fondamentale du 19 mai 1960 (art. 33, al. 2), le président du Sénat sous la Constitution du 1e août 1964 (art. 57, al. 1e) et le président de l'Assemblée nationale sous la Constitution originelle du 24 juin 1967 (art. 23, al. 1e), le sera désormais par le commissaire politique le plus âgé (art. 33, al. 1e).

> *L'élection du nouveau Président du Mouvement Populaire de la Révolution, Président de la République, a lieu trente jours au moins et soixante jours au plus après l'ouverture de la vacance »*[108].

Il n'existe donc, désormais, que la vacance au sens large, dont les cas d'ouverture sont le décès, la démission, la destitution et l'empêchement définitif. Le Constituant précise, à cet effet, que l'article 38 traite de *« la matière de la vacance du poste de Président du Mouvement Populaire de la Révolution, Président de la République »*[109]. Par suite, en dehors d'une Constitution sommaire octroyée par Laurent-Désiré Kabila au terme de son coup d'État du 17 mai 1997[110], qui, naturellement, n'a pas traité de la question, tous les textes constitutionnels subséquents ont conservé cette acception de la notion de vacance *lato sensu*[111].

---

[108] Constitution du 24 juin 1967 telle que révisée par la loi n° 78-010 du 15 février 1978, in Félix VUNDUAWE TE PEMAKO et Jean-Marie MBOKO DJ'ANDIMA, *Droit constitutionnel du Congo. Textes et documents fondamentaux*, vol. 1, Harmattan-Academia, Louvain-la-Neuve, 2012, p. 596.

[109] Exposé des motifs de la loi n° 78-010 du 15 février 1978 portant révision de la Constitution, in Félix VUNDUAWE TE PEMAKO et Jean-Marie MBOKO DJ'ANDIMA, *Droit constitutionnel du Congo. Textes et documents fondamentaux*, vol. 2, Harmattan-Academia, Louvain-la-Neuve, 2012, p. 1396.

[110] Décret-loi constitutionnel n° 003 du 27 mai 1997 relatif à l'organisation et à l'exercice du pouvoir en République démocratique du Congo, *JORDC*, numéro spécial, mai 1997, pp. 7-12.

[111] Voir, à ce sujet, art. 40 de la Constitution du 24 juin 1967, modifiée par la loi n° 90-002 du 5 juillet 1990 portant certaines dispositions de la Constitution (IYELEZA MOJU-MBEY, MASIKA KATSUVA et ISENGINGO KAMBERE-NG'ISE, *op. cit*, p. 135) ; art. 49 de l'Acte portant dispositions constitutionnelles relatives à la période de transition (Marcel

33.- **L'approche confuse de la Constitution du 18 février 2006.-* Qu'en est-il de la Constitution du 18 février 2006 ? Une lecture attentive de ce texte permet de relever sa particularité par rapport aux textes constitutionnels antérieurs. C'est qu'elle fait apparaître une conception confuse de la notion d'empêchement définitif. En effet, celui-ci est, d'une part, considéré comme un cas d'ouverture de la vacance. Aussi l'article 75, alinéa 1e, dispose-t-il qu' *« en cas de vacance pour cause de décès, de démission* ou pour toute autre cause d'empêchement définitif, *les fonctions de Président de la République, à l'exception de celles mentionnées aux articles 78, 81 et 82 sont provisoirement exercées par le Président du Sénat »*[112]. La vacance (*lato sensu*), a donc comme cas d'ouverture, non seulement le décès ou la démission (vacance *stricto sensu*), mais aussi toute autre cause d'empêchement définitif. Celui-ci est, dans ce contexte, considéré comme un cas d'ouverture de la vacance. Aussi, lorsque l'article 76, alinéa 1e, dispose que *« la vacance de la présidence de la République est déclarée par la Cour constitutionnelle saisie par le Gouvernement »*, le concept de vacance est employé au sens large incluant tous les cas d'ouverture prévus à l'article 75, en ce compris l'empêchement définitif.

WETSH'OKONDA KOSO SENGA, *Les textes constitutionnels congolais annotés*, CDHC, sl, sd, p. 285) ; art. 49 de la loi n° 93-001 du 2 avril 1993 portant Acte constitutionnel harmonisé relatif à la période de transition (F. VUNDUAWE TE PEMAKO et J.-M. MBOKO DJ'ANDIMA, *Droit constitutionnel du Congo. Textes et documents fondamentaux*, vol. 2, idem, p. 753) ; art. 53 de l'Acte constitutionnel de la transition du 9 avril 1994 révisé le 6 juillet 1995 (*Id.*, p. 817) ; art. 66 de la Constitution de la transition du 4 avril 2003, *JORDC,* numéro spécial, 5 avril 2003, p. 18.

[112] Le texte d'origine n'est pas souligné.

Mais la confusion devient totale lorsque l'alinéa 3 du même article 76 prescrit :

> « En cas de vacance ou lorsque l'empêchement est déclaré définitif *par la Cour constitutionnelle, l'élection du nouveau Président de la République a lieu, sur convocation de la Commission électorale nationale indépendante, soixante jours au moins et quatre-vingt-dix jours au plus, après* l'ouverture de la vacance ou de la déclaration du caractère définitif de l'empêchement »[113].

Cette disposition constitutionnelle institue manifestement deux causes interruptives du mandat présidentiel : la vacance, d'une part, et l'empêchement définitif, de l'autre, la succession au poste de président de la République étant ouverte, soit en cas de vacance (décès, démission), soit en cas de déclaration du caractère définitif de l'empêchement. *Ainsi, dans un même article, l'empêchement définitif est appréhendé aussi bien comme cause concurrente interruptive de mandat que comme cas d'ouverture de la vacance !* La rédaction d'une telle disposition est donc manifestement l'œuvre d'une plume inexperte ayant conduit à la confusion dans laquelle se sont empêtrées aussi bien la doctrine que la jurisprudence.

De là découlent probablement des affirmations incompréhensibles telles que *« le concept "vacance" a un sens d' "empêchement définitif"*, celui-ci *découlant du décès du titulaire du mandat, de sa démission ou d'une toute autre cause »* [114]. Or la formulation de l'article 75 est claire.

---

[113] Le soulignement a été ajouté.

[114] A. MAMPUYA KANUNK'A-TSHIABO, D. KALUBA DIBWA et N. BOTAKILE BATANGA, *La vacance des institutions politiques sous la*

L'empêchement définitif ne découle absolument pas du décès ou de la démission, mais plutôt *« de toute autre cause »* qu'il appartient au juge constitutionnel de préciser dans chaque cas d'espèce. Ou le président est décédé, auquel cas il y a *absence physique* de titulaire à son poste, ou il est vivant, auquel cas il peut être présent mais *empêché* d'exercer ses fonctions. Mais il ne saurait – c'est de la logique basique – être à la fois décédé et empêché !

De même, la justice constitutionnelle n'a pas une conception univoque de ces deux concepts. En effet, pour la même Constitution, elle appréhende l'empêchement définitif, tantôt comme cause interruptive concurrente[115], tantôt comme cas d'ouverture de la vacance[116].

Sur ce point, on ne peut donc que regretter que la Cour constitutionnelle n'ait pas saisi cette opportunité pour définir la notion même d'empêchement définitif, avant d'écarter, comme elle l'a fait, le moyen des partisans de la thèse de la vacance du pouvoir selon lequel la fin du mandat présidentiel

---

Constitution du 18 février 2006, op. cit., p. 30. Le soulignement a été ajouté.

[115] C'est le cas d'un arrêt de la Cour suprême de justice, faisant office de juge constitutionnel transitoire, datant du 15 septembre 2006 : *« L'article 76 de la Constitution a prévu, lorsqu'il y a* vacance ou empêchement définitif, *la prolongation des délais de 60 jours au moins et 90 jours au plus, à 120 jours au plus en cas de force majeure invoquée par la Commission électorale nationale indépendante »* (CSJ, *La Commission électorale indépendante, « CEI »,* R. Const. 38/TSR, 15 septembre 2006, *Bulletin des arrêts de la Cour suprême de justice*, contentieux électoraux 2006-2007, 2007, p. 393. Le soulignement a été ajouté).

[116] C'est le cas de l'Arrêt du 11 mai 2016, qui dispose que *« la* vacance *se produit lorsqu'il n'y a plus de Président de la République, pour cause de démission, décès, ou pour toute autre cause d'empêchement définitif »* (Arrêt du 11 mai 2016, p. 15).

constituerait un cas d'empêchement définitif. En effet, si elle a donné une définition par renvoi à l'article 84, alinéa 3, de la loi organique n° 13/026 du 15 octobre 2013 portant organisation et fonctionnement de la Cour constitutionnelle, aux termes duquel l'empêchement définitif est *« la situation où le Président de la République se trouve dans l'impossibilité absolue d'exercer les fonctions qui lui sont dévolues par la Constitution et les lois de la République »*[117], elle ne dit pas elle-même ce qu'elle entend par *« impossibilité absolue »*. Par suite, il devient difficile de comprend pourquoi elle a rejeté le moyen des tenants de la thèse de la vacance du pouvoir selon lequel la fin du mandat place le chef de l'État dans une situation d'empêchement définitif, c'est-à-dire d' *« impossibilité absolue »* d'exercer la fonction présidentielle. Une telle absence de rigueur dans l'écriture de cet arrêt est fort regrettable, d'autant plus qu'on la retrouve même dans l'interprétation en demi-teinte que la Cour a faite du principe de la continuité de l'État.

[117] Arrêt du 11 mai 2016, p. 15.

Section 2 : Une interprétation en demi-teinte du principe de la continuité de l'État

34.- Comme pour la section précédente, un exposé théorique des différents moyens débattus relativement à la thèse de la continuité (§ 1) est nécessaire pour mieux saisir la portée de la décision de la Cour à leur égard (§ 2).

§ 1. Exposé théorique

35.- ***Arguments favorables***.- Pour les partisans de la thèse dite de la continuité de l'État, l'absence d'organisation de l'élection présidentielle à terme échu ne saurait empêcher le chef de l'État de poursuivre l'exercice de ses fonctions tant que son successeur ne serait pas élu et installé à son poste. Ils fondent leur argument sur l'article 70, alinéa 2, de la Constitution, qui dispose qu' *« à la fin de son mandat, le Président de la République reste en fonction jusqu'à l'installation effective du nouveau Président élu »*.

Les auteurs de la Requête du 14 avril 2016 font partie des tenants de cette thèse. Pour eux, en effet, *« même au cas où l'élection présidentielle aurait lieu au-delà du mandat présidentiel, le Président de la République en fonction dont le mandat a pris fin doit rester en fonction jusqu'à l'installation effective du Président élu appelé à le remplacer ; l'installation d'un Président élu étant matérialisé[e] par la prestation de serment et sa prise de fonction »*[118].

---

[118] Arrêt du 11 mai 2016, p. 5.

Faisant le constat du non-respect « pathologique » des délais constitutionnels dans l'histoire constitutionnelle congolaise, une partie de la doctrine conclut que l'alinéa 2 de l'article 70 constituait, pour le Constituant, une solution idéale pour prévenir les crises institutionnelles pouvant surgir à la fin d'un mandat présidentiel non suivie d'élection. Ils en concluent que *« le principe de la continuité de l'État est ainsi, avec les leçons de l'histoire, la* ratio legis *du deuxième alinéa de l'article 70 »*[119]. Plus concrètement et s'agissant du débat actuel, ils soutiennent que *« la disposition de l'alinéa 2 de l'article 70 signifie donc, clairement, en dépit du fait que le mandat du Président en exercice soit arrivé à expiration tandis que son successeur n'ait pas encore été élu* […], *que le Président en place continuera d'exercer les fonctions de Président de la République jusqu'à ce que son successeur soit élu et installé conformément à la Constitution et à la loi électorale »*[120]. Selon eux, la disposition contenue à l'alinéa 2 de l'article 70 de la Constitution serait une particularité tirée de l'histoire constitutionnelle congolaise qui n'aurait aucun *« équivalent dans les Constitutions des autres États »*[121].

36.- ***Contradiction***.- Pour les adversaires de la thèse de la continuité, l'alinéa 2 de l'article 70 serait intimement lié à l'article 73 de la Constitution, qui dispose que *« le scrutin pour l'élection du Président de la République est convoqué par la Commission électorale nationale indépendante, quatre-vingt dix jours avant l'expiration du mandat du*

---

119 A. MAMPUYA KANUNK'A-TSHIABO, D. KALUBA DIBWA et N. BOTAKILE BATANGA, *La vacance des institutions politiques sous la Constitution du 18 février 2006,* op. cit., p. 79.

120 *Id*, p. 76.

121 *Id*., p. 52. La même affirmation est soutenue en pages 67 et 76.

Président en exercice ». Selon eux, l'article 70, alinéa 2, n'est applicable que lorsque le successeur du chef de l'État en exercice a été élu dans le délai constitutionnel.

Ainsi, pour certains, *« les termes "le Président de la République reste en fonction jusqu'à l'installation effective du nouveau Président élu" utilisés à l'alinéa 2 de l'article 70 de la Constitution veut tout simplement dire que le Président de la République reste en fonction le temps tout simplement de la proclamation, par la CENI, des résultats définitifs des élections présidentielles concernées et le temps additionnel de dix jours prévu à l'article 74 pour l'entrée en fonction du Président de la République élu »*[122]. Abondant dans le même sens, le Professeur Mbata B. Mangu affirme :

> *« Une disposition aussi claire ne demande pas d'interprétation. Le Président de la République reste en fonction non pas jusqu'à l'élection d'un nouveau président, mais bien jusqu'à l'installation effective d'un nouveau président élu. C'est du "français facile". L'article 70 ne parle pas de l'élection, mais de l'installation effective du nouveau Président élu. Ceci implique que les élections doivent impérativement avoir lieu en 2016 et un nouveau Président doit avoir été élu avant pour être installé le 19 décembre 2016 »*[123].

Pour les tenants de cette thèse, en effet, *« il doit être entendu, suivant l'article 74 que le Président de la*

---

[122] Zéphirin ZABO, « RDC, la requête en interprétation : un couteau à double tranchant susceptible de se détourner contre "Kabila" pour haute trahison », *op. cit.*, p. 4.

[123] Jacques NKALE BUANGA, « Prof. André Mbata Mangu : L'article 70 ne parle pas de l'élection, mais de l'installation effective du nouveau Président élu », op. cit.

République entre en fonction dans les dix jours qui suivent la proclamation des résultats définitifs de l'élection présidentielle. Ce qui suppose que le nouveau Président entrant est censé déjà être connu, puisque, selon l'article 73, le scrutin pour son élection a eu lieu quatre-vingt jours avant l'expiration du mandat du Président en exercice »[124].

Enfin, l'expédition des affaires courantes du président sortant est aussi invoquée pour lier les deux dispositions constitutionnelles : *« Car, le président qui reste en fonctions jusqu'à l'installation d'un nouveau président élu, selon l'esprit de la Constitution, est celui qui gère les affaires courantes du fait des délais constitutionnels imposés au nouveau président pour prendre possession de son pouvoir. Cela sous entend que les élections aient régulièrement été organisées et que le vainqueur en soit proclamé »* [125]. Comment la Cour a-t-elle tranché cette controverse ?

§ 2. Position de la Cour

37.- ***Motifs de la décision***.- Pour la Cour, l'alinéa 2 de l'article 70 est d'une telle clarté qu'il *« ne nécessite pas, en principe, d'interprétation »*[126]. Se fondant néanmoins sur la synthèse du débat général d'avril 2005 sur l'avant-projet de la Constitution, dont il découle qu' *« un deuxième alinéa a été*

---

[124] Jean Claude KASHAMA-NKOY, « La continuité de l'État, la vacance, l'alternance politique et la crise de légitimité en démocratie », *op. cit.*

[125] Éric KALONJI KABULU, « Coup d'État constitutionnel », *Congo Indépendant*, 12 mai 2016, [en ligne], http://www.congoindependant.com/articleprint.php?articleid=10810.

[126] Arrêt du 11 mai 2016, p. 13.

ajouté pour que le Président de la République sortant puisse rester en fonction jusqu'à l'installation effective du nouveau Président élu afin d'éviter le vide institutionnel », la Cour conclut que *« l'alinéa 2 de l'article 70 permet au Président de la République arrivé fin mandat de demeurer en fonction, en vertu du principe de la continuité de l'État, jusqu'à l'installation effective du nouveau Président de la République élu »*[127]. Elle ajoute que le même principe s'applique aux assemblées parlementaires nationales et provinciales qui doivent, à l'expiration de leurs mandats respectifs, demeurer en fonction jusqu'à l'installation effective de nouvelles assemblées élues[128].

38.- ***Appréciation critique**.- ◊ Sur le lien supposé entre les articles 70 et 73 de la Constitution.*- S'il ne fait l'ombre d'aucun doute que l'alinéa 2 de l'article 70 n'est pas obscure, il est tout aussi vrai que la question principale soumise à la Cour consistait à confirmer ou infirmer le lien supposé entre cette disposition et l'article 73. En d'autres termes, *le chef de l'État en exercice ne pouvait-il rester en fonction au terme de son mandat que dans l'unique hypothèse où son successeur aurait été élu dans le délai constitutionnel et seulement en attendant l'installation effective de ce dernier ?* La Cour a éludé cette question capitale. Cette dérobade est d'autant plus surprenante que la Cour développe par ailleurs, avec un grand luxe de détails, des thèmes non sujets à débat et, de surcroît, non soumis à son interprétation[129].

---

[127] Arrêt du 11 mai 2016, p. 13.
[128] *Id.*, pp. 13-14.
[129] La Cour juge, par exemple, que *« contrairement à l'alinéa 1 de l'article 70 qui limite à deux le nombre de mandats auquel peut prétendre*

Or cette question n'est pas dépourvue d'intérêt. En effet, contrairement à ce qu'ont affirmé d'aucuns[130], il convient de souligner que la disposition contenue à l'alinéa 2 de l'article 70 ne constitue pas une particularité de l'histoire constitutionnelle congolaise qui n'existerait dans aucune autre Constitution du monde. On la retrouve dans d'autres Constitutions africaines.

On verra, en effet, que, si certaines Constitutions lient l'expédition des affaires courantes du président sortant à l'élection de son successeur[131], d'autres, en revanche, posent le principe de la continuité de l'État de manière générale, indépendamment de l'organisation de l'élection présidentielle[132]. Les arguments des adversaires de la thèse de la continuité méritaient donc une réponse plus exhaustive de la Cour.

39.- ◊ *Élection présidentielle et expédition des affaires courantes du président sortant.-* Dans certaines Constitutions, en effet, le lien entre l'expédition des affaires courantes du président sortant et l'élection de son successeur est avéré. Ainsi, l'article 36 de la Constitution sénégalaise stipule, dans ses deux premiers alinéas, ce qui suit : *« Le Président de la République élu entre en fonction après la proclamation définitive de son élection et l'expiration du mandat de son prédécesseur. Le Président de la République en exercice*

---

le Président de la République, les alinéas 1 des articles 103 et 105 ne fixent aucune limitation au nombre de mandats de parlementaires » (Arrêt du 11 mai 2016, p. 14). Personne ne l'a contesté. Et les requérants n'ont pas soumis cette question à l'interprétation de la Cour !

[130] *Supra*, § 35, *in fine*.

[131] *Infra*, § 39.

[132] *Infra*, § 40.

reste en fonction jusqu'à l'installation de son successeur ». Le lien entre ces deux alinéas est certain. Un nouveau président de la République est déjà élu mais n'est pas encore entré en fonction (alinéa 1e). En attendant son installation, le président sortant reste en fonction (alinéa 2).

On peut, dans le même contexte, citer la Constitution du Congo-Brazzaville du 25 octobre 2015, qui enserre le mandat présidentiel dans un délai de cinq ans dont le terme doit, *sauf cas de force majeure*, coïncider avec la prise en fonction effective du successeur élu : *« Le Président de la République reste en fonction jusqu'à la fin de son mandat qui, sauf cas de force majeure reconnue et déclarée par la Cour constitutionnelle, doit coïncider avec la prise en fonction effective de son successeur élu »*[133]. La Constitution ne dit pas qui exerce la magistrature suprême en cas de déclaration, par la Cour constitutionnelle, de la force majeure, empêchant l'élection et/ou l'installation du nouveau chef de l'État à la fin du mandat de son prédécesseur. Il n'y a, cependant, aucun doute sur le fait que c'est le président en exercice qui continuera d'exercer ses fonctions, en vertu du principe de la continuité de l'État consacré à l'article 64, alinéa 3 : *« Le Président de la République est garant du fonctionnement régulier des pouvoirs publics et de la continuité de l'État »*. C'est, du reste, à ce titre qu'il demeure en fonction en cas d'organisation de nouvelles élections pour cause, soit d'annulation de l'élection présidentielle par le juge de l'élection[134], soit de décès ou d'empêchement définitif de son successeur élu avant son entrée en fonction[135].

[133] Art. 65, al. 2.
[134] Art. 73, *in fine*.
[135] Art. 74, al. 2.

40.- ◊ *La continuité de l'État comme socle de l'interrègne.-* Sans nécessairement lier la poursuite du mandat présidentiel à l'organisation effective de l'élection de son successeur dans le délai constitutionnel, d'autres Constitutions posent, de manière générale, le principe de la continuité de l'État comme applicable dès le terme du mandat présidentiel. On peut, dans ce cadre, faire état de l'article 104, alinéa 1e, de la Constitution rwandaise de 2003, modifiée le 24 décembre 2015, qui dispose que *« le Président de la République en exercice reste en fonction jusqu'à l'installation du nouveau Président de la République élu ».* Dans le même ordre d'idées, on citera également la Constitution sud-africaine, dont l'article 88-1 dispose : *« The President's term of office begins on assuming office and ends upon a vacancy occurring* or when the person next elected President assumes office » [136]. Le mandat du chef de l'État prend ici fin, soit en cas d'interruption pour cause de vacance, soit à compter de la prise de fonction du prochain président élu.

41.- ◊ *Continuité de l'État, principe explicite ou implicite.-* L'intérêt de ce débat paraît cependant relatif dans la mesure où le principe de la continuité de l'État s'applique même dans les États où la Constitution n'a pas prévu une disposition similaire à l'alinéa 2 de l'article 70. Qu'arriverait-il en effet si, même dans l'hypothèse où le Constituant aurait expressément lié le maintien au pouvoir du sortant à

---

[136] The Constitution of the Republic of South Africa, as adopted on 8 May 1996 and amended by Constitution Seventeenth Amendment Act of 2012 – Government Notice 72 in Government Gazette 36128, dated 1 February 2013, p. 49. Le texte d'origine n'est pas souligné.

l'élection de son successeur, sans cependant assurer l'organisation de l'interrègne, des circonstances extérieures insurmontables venaient à empêcher la tenue de l'élection présidentielle ? Le chef de l'État sortant devrait-il quitter le palais présidentiel et laisser le pays sans gouvernance ? Devrait-il, dans le même contexte, en cas du terme du mandat des parlementaires, faire fermer l'hémicycle pour empêcher les députés de légiférer jusqu'à l'installation d'une nouvelle assemblée élue ?

À l'évidence, une telle solution serait de nature à plonger le pays dans une profonde crise institutionnelle. Certes, la classe politique peut toujours, dans ces circonstances, pallier le vide juridique créé par la démission du chef de l'État en adoptant une solution consensuelle en marge de la Constitution. C'est le cas de la République d'Haïti où, suite au vide institutionnel créé par la démission du président Michel Martelly le 7 février 2016[137], et alors que le second tour de l'élection présidentielle fut reporté *sine die* en raison de fortes protestations de l'opposition, le Sénat dut élire Jocelerme Privert comme président intérimaire pour un mandat provisoire de quatre mois[138]. Une situation exceptionnelle, s'il en est, puisque un tel intérim n'est pas

---

[137] L'article 134.3 de la Constitution lui interdisait, en effet, de *« bénéficier de prolongation de mandat »* (Constitution de la République d'Haïti du 29 mars 1987, [en ligne], URL : https://www.haiti-reference.com/pages/plan/histoire-et-societe/documents-historiques/constitutions/constitution-de-1987/).

[138] Lire, à ce sujet, LE MONDE, « Jocelerme Privert élu président provisoire », *Le Monde*, 14 février 2016, [en ligne], URL : http://www.lemonde.fr/ameriques/article/2016/02/14/haiti-jocelerme-privert-elu-president-provisoire_4865092_3222.html.

prévu par la Constitution[139]. Fruit de la maturité de la classe politique, cette solution, qui constitue sans doute le point de départ d'une *convention de la Constitution*[140], est de nature à résoudre les futures difficultés similaires.

Est-elle transposable dans un pays qui, comme la RDC, est au bord de l'implosion suite à la volonté du président sortant de gouverner par défi et au refus de l'opposition radicale de subir le fait accompli ? Rien n'est moins sûr. Dans tous les cas, en cas de risque de conflit irréconciliable entre la classe politique, et suite au risque de déliquescence de l'État par suite de la démission du président sortant, le principe de la continuité de l'État devrait permettre à ce dernier, pour autant qu'il ne soit pas le principal artisan du blocage institutionnel[141], de demeurer en fonction jusqu'à l'élection et à l'installation de son successeur. En effet, *« consubstantiel à l'État, le pouvoir exécutif ne saurait tomber en nouille faute de titulaires, pas moins que ses fonctions en déshérence »*[142].

De bon sens, ce principe s'applique même s'il n'apparaît pas explicitement dans le texte constitutionnel. En effet, s'il est vrai que la Constitution se trouve être la source de la légalité et de la légitimité de tout pouvoir d'État, il n'en demeure pas moins qu'elle ne constitue pas l'unique source

---

[139] L'article 149 de la Constitution haïtienne prévoit en effet, mais uniquement en cas de vacance – ce qui n'était pas le cas en l'espèce – l'intérim du chef de l'État par le président de la Cour de cassation.

[140] Il s'agit ici de *« l'ensemble des normes non écrites, qu'elles fussent fondatrices, interprétatives ou créatrices »* (Pierre AVRIL, *Les conventions de la Constitution : normes non écrites du droit politique*, PUF, Paris, 1997, p. 148) et qui, de ce fait, sont *« insusceptibles de se rattacher, même lointainement, au texte, parce qu'elles y ajoutent ce qui n'y figure manifestement pas et qu'elles le contredisent parfois »* (*Ibid*).

[141] Sur cette condition, voir *infra*, § 51 et suivants.

[142] J. GICQUEL, « Sur la continuité de l'État », *op. cit.*, p. 574.

du droit constitutionnel. Les principes généraux du droit, dont celui de la continuité de l'État, trouvent donc matière à application même s'ils ne sont pas explicitement libellés dans le texte constitutionnel, tant il est vrai qu'ils peuvent être considérés comme découlant implicitement de la Constitution[143].

De même, là où ce principe est explicitement libellé dans la Constitution mais pour des cas précis, rien n'empêche qu'il soit étendu à d'autres cas non explicitement prévus par la Constitution. On a ainsi affirmé, à juste titre, que, si l'article 90, alinéa 2 de la Constitution belge ne prévoit les mesures d'interrègne qu'en cas de décès du roi, cependant, *« il exprime un principe général intimement lié à la nécessité de garantir la continuité de l'État »* [144] et que, de ce fait, *« il trouve à s'appliquer à toute période où le Roi est effectivement dans l'incapacité d'exercer ses fonctions et où il est déraisonnable ou impossible de faire application de l'article 93 de la Constitution relatif à l'impossibilité de régner »*[145]. À titre d'illustration, l'auteur soutient que les

[143] Sur la différence entre principes explicites et principes implicites, voir, notamment, Riccardo GUASTINI, « Les principes de droit en tant que source de perplexité théorique », in Sylvie CAUDAL (dir.), *Les principes en droit*, Economica, Paris, 2008, p. 119 ; Véronique CHAMPEIL-DESPLATS, *Les principes fondamentaux reconnus par les lois de la République. Principes constitutionnels et justification dans les discours juridiques*, Economica, Paris, 2001, p. 35.

[144] Marc UYTTENDAELE, *Précis de droit constitutionnel belge. Regards sur un système institutionnel paradoxal*, Bruylant, Bruxelles, 2005, n° 685, p. 788.

[145] M. UYTTENDAELE, *Précis de droit constitutionnel belge. Regards sur un système institutionnel paradoxal*, op. cit., n° 685, p. 788.

mêmes dispositions sont applicables en cas d'abdication, qui n'est pas prévue dans la Constitution[146].

42.- ◊ *Cas de la RDC*.- La Constitution de la RDC du 18 février 2006, telle que modifiée à ce jour, est de celles qui n'établissent pas un lien explicite entre l'élection du successeur et le maintien au pouvoir du sortant à la fin de son mandat. En effet, si le fonctionnement normal des institutions suppose que le terme du mandat du président sortant coïncide avec l'élection de son successeur, rien, dans la Constitution, ne permet d'affirmer que le chef de l'État en exercice ne peut rester en fonction que si, au préalable, son successeur était élu et n'attendait que son installation. Ceux qui, à tort, avaient cru voir un tel lien, ont donc eu raison de changer d'avis[147].

La continuité de l'État est, en effet, en droit congolais, un principe explicite découlant de la Constitution. Il est libellé à l'article 69[148] et mis en application, en ce qui concerne la fin du mandat du chef de l'État, à l'alinéa 2 de l'article 70. Par suite, c'est avec raison que la Cour a jugé que *« l'alinéa 2 de l'article 70 permet au Président de la République arrivé fin mandat de demeurer en fonction, en vertu du principe de la*

---

[146] *Id.*, n° 687, p. 789.

[147] A. MAMPUYA KANUNK'A-TSHIABO, D. KALUBA DIBWA et N. BOTAKILE BATANGA, *La vacance des institutions politiques sous la Constitution du 18 février 2006,* op. cit., p. 65.

[148] L'article 69, alinéa 3, de la Constitution dispose, dans sa partie pertinente, que le président de la République *« assure, par son arbitrage, le fonctionnement régulier des pouvoirs publics et des institutions ainsi que la continuité de l'État »*.

continuité de l'État, jusqu'à l'installation effective du nouveau Président de la République élu »[149].

Le seul problème c'est qu'un tel raisonnement semble s'arrêter à mi-chemin. Qu'en est-il, en effet, si cette élection n'avait plus lieu du tout ou qu'elle se tenait dans un délai manifestement déraisonnable ? Le principe de la continuité de l'État devrait-il continuer à s'appliquer même si le chef de l'État en fonction, âgé d'à peine quarante-cinq ans, demeurait, sous des prétextes divers et variés, au pouvoir dix, quinze ou vingt ans de plus sans organiser d'élection à ce poste ? En s'abstenant d'aborder cette question dans l'interprétation qu'elle a faite de l'alinéa 2 de l'article 70 de la Constitution, la Cour semble avoir fait du *« service minimum »*, dans l'unique objectif de parachever le processus du coup d'État constitutionnel mis en place par le président sortant et sa majorité.

[149] Arrêt du 11 mai 2016, p. 13.

Chapitre 2

Le parachèvement de l'architecture du coup d'État constitutionnel de la IIIe République

43.- *Sort du président en exercice au terme de son mandat*.- Quel sera le sort du président en exercice si, au 20 décembre 2016, date de la fin de son mandat, son successeur n'était pas élu ? L'Arrêt du 11 mai 2016 a-t-il réglé cette question ? Force est de constater que, sur ce point, tous les observateurs n'ont pas la même lecture de cet arrêt. Si, en effet, d'aucuns y voient le maintien au pouvoir du président sortant [150], d'autres, en revanche, considèrent que *« le problème de la fin du mandat de Kabila n'est pas résolu par l'article 70 mais bien par l'article de la limitation des mandats qui n'a pas été ni modifié ni interprété »*[151]. À la vérité, on ne peut saisir la portée de la décision de la Cour qu'en partant de l'objet même de sa saisine, qui était clair : *« Donner l'interprétation attendue des dispositions constitutionnelles concernées »*[152], c'est-à-dire, en clair, dire que *« même au cas où l'élection présidentielle aurait lieu au-delà du mandat présidentiel, le Président de la République en fonction dont le mandat a pris fin doit rester en fonction jusqu'à l'installation effective du Président élu appelé à le remplacer »*[153]. À cette question, la Cour a donné une réponse simple : *« L'alinéa 2 de l'article 70 ne nécessite pas, en principe, d'interprétation »* [154]. Concrètement, si cette disposition constitutionnelle stipule que, *« à la fin de son*

---

[150] Éric KALONJI KABULU, « Coup d'État constitutionnel », *op. cit.*

[151] DESC-WONDO, « RDC : L'interprétation de l'article 70 de la Constitution ne confère aucun mandat à Kabila pour rester au pouvoir – Maitre Mukendi », [en ligne], URL : http://desc-wondo.org/fr/rdc-linterpretation-de-larticle-70-de-la-constitution-ne-confere-aucun-mandat-a-kabila-de-rester-au-pouvoir-maitre-mukendi/, consulté le 2 septembre 2016.

[152] Arrêt du 11 mai 2016, p. 8.

[153] *Id.*, p. 5.

[154] *Id.*, p. 13.

mandat, le Président de la République reste en fonction jusqu'à l'installation effective du nouveau Président élu », cela veut dire tout simplement qu'au 20 décembre 2016, Joseph Kabila restera en fonction tant que son successeur ne sera pas élu et installé. Telle est la lecture qu'il convient de donner de la phrase suivante, contenue dans le dispositif de l'arrêt : *« Pour consacrer le principe de la continuité de l'État affirmé par l'article 69 de la Constitution, l'article 70 alinéa 2 de la Constitution permet au Président de la République actuellement en exercice de rester en fonction jusqu'à l'installation effective du nouveau Président élu »*[155]. Peu importe, en définitive, que cette élection ait lieu ou pas et, dans l'affirmative, quand elle aura lieu.

44.- ***Plan***.- Le principe de la continuité de l'État s'applique-t-il dans tous les cas de figure, même au profit d'un chef d'État de mauvaise foi ? En d'autres termes, un chef d'État peut-il, après avoir mis son pays devant un fait accompli en faisant délibérément obstruction à l'organisation de l'élection de son successeur, s'appuyer sur le principe de la continuité de l'État pour demeurer au pouvoir ? Autoriser un tel président à demeurer en fonction sans examiner sa responsabilité sur la non-tenue de l'élection de son successeur ne serait-il pas lui accorder une sorte de *« prime à l'inconstitutionnalité »* qui inspirerait tous ses successeurs hostiles à l'alternance (section 1) ? Vu sous cet angle, l'Arrêt du 11 mai 2016 n'est-il pas de nature à parachever le processus du coup d'État constitutionnel amorcé depuis le premier quinquennat (section 2) ?

---

155 Arrêt du 11 mai 2016, p. 16.

Section 1 : L'Arrêt du 11 mai 2016, une « prime à l'inconstitutionnalité »

45.- Le principe de la continuité de l'État a-t-il vocation à protéger l'État ou les gouvernants ? Il est important de répondre à cette question (§1) avant d'examiner les conditions pouvant empêcher le détournement de ce principe par des gouvernants de mauvaise foi à des fins personnelles (§ 2).

§1. Continuité de l'État ou des gouvernants ?

46.- ***Pérennisation des attributs de l'État par les gouvernants***.- Comme son nom l'indique, le principe de la continuité de l'État vise à assurer la pérennité des attributs de l'État. Mais l'État ne peut fonctionner qu'au travers des gouvernants. Ceux-ci ont donc mission d'assurer le fonctionnement régulier de l'État, aussi bien sur le plan politique (principe de la continuité de l'État) que sur le plan administratif (principe de la continuité des services publics)[156]. Il revient donc au premier de tous les gouvernants, le chef de l'État, d'assurer, non seulement le fonctionnement régulier des pouvoirs publics, mais aussi la continuité de

---

[156] Sur la continuité des services publics, lire M. DE VILLIERS et T. DE BERRANGER (dir.), *Droit public général*, op. cit., n° 602, pp. 556-557 ; Félix VUNDUAWE TE PEMAKO, *Traité de droit administratif*, Larcier, Bruxelles, 2007, p. 562.

l'État. La Constitution française de la Ve République[157], ainsi que plusieurs Constitutions africaines[158], vont dans ce sens.

Il convient cependant de préciser que *le chef de l'État n'assure la pérennité des attributs de l'État que dans la limite de son mandat*. Si celui-ci est suspendu ou interrompu, des mesures de suppléance ou d'intérim pour pourvoir à la vacance à son poste ou à son remplacement sont prévues, afin d'assurer la continuité de l'État. Si son mandat arrive à terme, la continuité de l'État peut être assurée durant l'interrègne par l'expédition des affaires courantes du sortant jusqu'à l'installation effective du chef de l'État élu.

Ainsi, *la quintessence du principe de la continuité de l'État gît dans la pérennité de l'État au travers des gouvernants, et non dans l'éternité des gouvernants à la tête de l'État*. Aussi tout gouvernant qui ferait obstruction au fonctionnement régulier des institutions étatiques pour en tirer profit au nom du principe de la continuité de l'État commettrait-il un détournement de la Constitution qui pourrait l'exposer aux poursuites pénales pour violation intentionnelle de la Constitution[159].

---

[157] Art. 5.

[158] Voir, à titre d'exemple, art. 69, al. 3 de la Constitution de la RDC ; 95, al. 1e de la Constitution de la Constitution intérimaire post-transition de la République du Burundi ; 64, al. 3 de la Constitution de la République du Congo du 25 octobre 2015 ; 29 de la Constitution malienne du 27 février 1992 ; 98, al. 3 de la République du Rwanda de 2003 révisée en 2015 ; art. 42, al. 1e, de la Constitution marocaine du 29 juillet 2011, *Bulletin officiel*, n° 5964 *bis*, 28 chaabane 1432 (30 juillet 2011).

[159] Dans le cas spécifique de la RDC, l'article 165 de la Constitution prévoit l'infraction de haute trahison dans le chef du chef de l'État qui aura *« violé intentionnellement la Constitution »*.

47.- ***Le Roi est mort, vive le Roi !*** – Aussi loin que l'on puisse remonter dans l'histoire, le principe de la continuité de l'État a toujours été lié à l'institution, et non aux individus qui l'incarnent. En effet, aux origines de ce principe se trouve une conception christique du roi que l'on retrouve à l'époque médiévale. On considérait, en effet, qu'il y avait dans le roi une *gemina persona,* c'est-à-dire *« une personne* géminée, *dont l'une descend de la nature, l'autre, de la grâce »*[160]. Ainsi, à l'instar du Christ, le roi était-il considéré comme ayant deux corps : l'un physique et mortel, l'autre spirituel et immortel. Si le premier périssait, le second lui survivait, de sorte qu'au décès du roi, l'on pouvait s'écrier : *« Le Roi est mort, vive le Roi ! »*[161]. Un roi est décédé, un autre est monté au trône : la succession est assurée, traduisant ainsi l'immortalité du roi, c'est-à-dire la continuité de l'institution royale.

Il s'ensuit qu'aux origines du principe de la continuité de l'État se trouve l'idée de pérennité de l'institution royale, et non de l'individu incarnant ladite institution. Les hommes passent, dit-on, les institutions demeurent. En d'autres termes, les gouvernants ne sauraient se servir de l'appareil de l'État pour se cramponner au pouvoir au-delà de la limite de leur mandat, ni se réfugier derrière la continuité de l'État pour refuser l'alternance.

48.- ***Refus d'alternance et continuité de l'État***.- Les règles relatives à la continuité de l'État visent à éviter que le fonctionnement régulier de l'État ne soit menacé par des

---

[160] Ernst KANTOROWICZ, *Les deux corps du Roi. Essai sur la théologie politique au Moyen Âge*, Gallimard, Paris, 1989, p. 54.

[161] J. GICQUEL et J.-É. GICQUEL, *Droit constitutionnel et institutions politiques*, op. cit, n° 1174, p. 598.

« turbulences institutionnelles » [162] pouvant perturber le fonctionnement normal des institutions de l'État durant (vacance, empêchement) ou au terme (interrègne) d'un mandat électif. Elles supposent qu'un *cas de force majeure* menace le fonctionnement régulier des institutions étatiques et oblige à prendre des mesures sortant de la légalité ordinaire pour assurer la continuité de l'État. On peut, à cet effet, saluer la Constitution du Congo-Brazzaville du 25 octobre 2015 qui pose expressément le principe selon lequel, *sauf cas de force majeure dûment constatée par la Cour constitutionnelle*, la fin du mandat du président sortant doit coïncider avec l'entrée en fonction de son successeur[163].

Y a-t-il force majeure lorsque les gouvernants font délibérément obstruction à l'élection de leurs successeurs pour se maintenir au pouvoir ? Que faut-il, en définitive, entendre par force majeure en l'espèce ? La question fut posée à la Cour suprême de justice de la RDC, faisant office de juge constitutionnel transitoire [164], à l'occasion d'une requête de la Commission électorale indépendante du 6 septembre 2006 lui demandant *« la prolongation au 29 octobre 2006 du délai d'organisation du second tour du*

[162] Jean-Éric GICQUEL, « Article 7 », in François LUCHAIRE, Gérard CONAC et Xavier PRÉTOT (dir.), *La Constitution de la République française. Analyses et commentaires*, Economica, 3e éd., Paris, 2009, p. 345.

[163] Art. 65, al. 2, de la Constitution de la République du Congo du 25 octobre 2015.

[164] Aux termes de l'article 223 de la Constitution, alors applicable, *« en attendant l'installation de la Cour constitutionnelle, du Conseil d'État et de la Cour de cassation, la Cour suprême de justice exerce les attributions leur dévolues par la présente Constitution »*.

scrutin présidentiel, pour cas de force majeure »[165]. Statuant sur cette question, la Cour suprême définit la force majeure comme *« tout événement imprévisible et insurmontable empêchant l'exécution d'une obligation, elle est d'origine extérieure en ce qu'elle est absolument étrangère à la personne qui l'invoque »*[166].

Il n'y a donc manifestement pas force majeure lorsque le pouvoir en place empêche la tenue de l'élection dans le but manifeste de permettre au président en place de demeurer en fonction à la fin de son mandat. On reviendra sur cette question à la section 2.

Ainsi, lorsque, après avoir tenté, en vain, d'orchestrer un coup d'État constitutionnel par voie référendaire et législative, le pouvoir en place recourt à la justice constitutionnelle dans le dessein manifeste de concrétiser son entreprise criminelle, les juges constitutionnels ont, en tant que gardiens de la Constitution [167], l'obligation de veiller au respect de la Constitution. En l'espèce, ils auraient dû assurer la protection

---

[165] CSJ, *La Commission électorale indépendante, « CEI »,* R. Const. 38/TSR, 15 septembre 2006, *op. cit.*, p. 392.

[166] CSJ, *La Commission électorale indépendante, « CEI »,* R. Const. 38/TSR, 15 septembre 2006, *op. cit.*, p. 394.

[167] On notera, en effet, que *« la thèse de Schmitt, celle d'un président-gardien de la constitution, n'a aujourd'hui guère de partisans »* (Michel TROPER, « Kelsen et la Cour constitutionnelle », in Olivier BEAUD et Pasquale PASQUINO [dir.], *La controverse sur « le gardien de la Constitution ». Kelsen contre Schmitt*, Panthéon-Assas, Paris, 2007, p. 91), à l'exception notoire du Sénégal : *« Le Président de la République est le gardien de la Constitution »* (art. 42, al. 1e, de la Constitution sénégalaise du 22 janvier 2001). Sans doute faudrait-il concilier les deux thèses en ce que le chef de l'État se trouve être le *gardien politique* de la Constitution, cependant que le juge constitutionnel en est, lui, le *gardien juridictionnel* (Philippe BLACHÈR, *Droit constitutionnel*, Hachette, 3e éd., Paris, 2015, p. 33).

de la Constitution, par leur *« devoir d'ingratitude »*[168] ou *« devoir d'amnésie »*[169], en barrant la route à cette forfaiture.

Il est, en effet, de la mission du juge constitutionnel de *« veiller au respect de la Constitution »*[170], ce qui suppose qu' *« il trouve alors dans la Constitution les outils dont il a besoin pour en assurer le respect »*[171]. En l'espèce, le seul moyen pour la Cour d'y parvenir consistait en l'interprétation de l'alinéa 2 de l'article 70 d'une manière conforme à la volonté du Constituant.

En effet, si l'interprétation signifie, dans ce cas particulier, *« le fait qu'un organe applique un texte à un cas particulier »*[172], un auteur congolais avait affirmé, à juste titre, qu'interpréter un texte *« c'est également choisir entre plusieurs significations qui lui sont données celle qui se*

---

[168] L'expression est de Robert Badinter, ancien président du Conseil constitutionnel, dans une interview accordée au journal « Le Monde », en 1982. Elle a été reprise en 2007 par son successeur, Jean-Louis Debré (Voir Christophe JAKUBYSZYN, « Le Conseil constitutionnel, plus si sage », *Le Monde,* 14 novembre 2007, [en ligne], http://www.lemonde.fr/politique/article/2007/11/14/la-loi-sur-l-immigration-devant-un-conseil-constitutionnel-plus-politique_978169_823448.html?xtmc=badinter_devoir_d_ingratitude&xtcr=1).

[169] L'expression est de Georges Abadie, membre du Conseil constitutionnel français du 11 mars 1992 au 11 mars 2001), parlant de *« cette sorte de barrière psychologique* [qui] *s'installe entre le désignateur et le désigné »* (Georges ABADIE, « Satisfaction, non sans questions… », *Cahiers du Conseil constitutionnel*, n° 25, août 2009, p. 2).

[170] Philippe BLACHÈR et Guillaume PROTIÈRE, « Le Conseil constitutionnel, gardien de la Constitution face aux directives communautaires », *Revue française de droit constitutionnel*, 2007/1, p. 125.

[171] *Ibid.*

[172] Louis FAVOREU *et al.*, Droit constitutionnel, Dalloz, 18e éd., Paris, 2015, n° 123, p. 99.

rapproche le plus de la volonté de son auteur » [173]. Appliquant ce raisonnement à l'alinéa 2 de l'article 70 de la Constitution, on peut donc se demander quel est le sens qui se rapproche le plus de la volonté du Constituant. Ce dernier a-t-il, en posant que *« le Président de la République reste en fonction jusqu'à l'installation effective du nouveau Président élu »*, voulu permettre au président sortant de demeurer au pouvoir *ad vitam aeternam* en bloquant le processus électoral pour empêcher sa succession ?

Répondre par l'affirmative à cette question c'est vider de toute sa substance l'alinéa 1e du même article 70, qui dispose que *« le Président de la République est élu au suffrage universel direct pour un mandat de cinq ans renouvelable une seule fois »*. En effet, le Constituant, qui a pris toutes les précautions pour *« assurer l'alternance démocratique »*[174] et *« contrer toute tentative de dérive dictatoriale »* [175], en limitant le mandat présidentiel à cinq ans, en empêchant le président sortant de briguer plus de deux mandats successifs et en posant que *« le nombre et la durée des mandats du Président de la République [...] ne peuvent faire l'objet d'aucune révision constitutionnelle »*[176], aurai-t-il, en même temps, voulu permettre à un chef d'État de mauvaise foi de demeurer indéfiniment au pouvoir sous couleur du principe de la continuité de l'État ?

---

[173] Dieudonné KALUBA DIBWA, *Du contentieux constitutionnel en République démocratique du Congo. Contribution à l'étude des fondements et des modalités d'exercice de la justice constitutionnelle,* Éd. universitaires européennes, Sarrebruck, 2011, p. 360.

[174] Exposé des motifs de la Constitution du 18 février 2006, *JORDC*, numéro spécial, 5 février 2011, p. 80.

[175] *Ibid.*

[176] Art. 220, al. 1er, de la Constitution.

Une interprétation téléologique de la disposition sous examen oblige à répondre par la négative à cette question. Il s'ensuit, dès lors, qu'en appliquant sans réserve le principe de la continuité de l'État comme elle l'a fait, la Cour constitutionnelle a donné blanc-seing à un chef d'État de mauvaise foi. Elle a donc gratifié d'une « prime à l'inconstitutionnalité » celui-là même qui a fait obstruction au fonctionnement régulier des institutions étatiques. Ceci suppose, on le voit bien, que le principe de la continuité de l'État n'est pas d'application inconditionnelle.

§ 2. Les conditions d'application du principe de la continuité de l'État

49.- ***Griefs contre l'Arrêt du 11 mai 2016***.- Que reproche-t-on exactement à l'Arrêt du 11 mai 2016 ? N'y a-t-il pas une contradiction à affirmer, d'une part, que la Cour a, à juste titre, accueilli les moyens des tenants de la thèse de la continuité et, d'autre part, lui reprocher d'avoir fait le lit du pouvoir en place dans son entreprise de perpétration du coup d'État constitutionnel ? Une telle contradiction n'est qu'apparente. À la vérité, ce qui est reproché à la Cour, c'est de n'avoir pas joué son rôle de gardienne de la Constitution dans l'interprétation qu'elle a faite des articles 69 et 70, alinéa 2 de la Constitution.

Une interprétation cohérente de ces dispositions nécessitait, en effet, que la Cour pût dégager deux conditions essentielles à l'application de ce principe. Seul, en effet, le respect de ces conditions permet d'assurer une interprétation du principe de la continuité de l'État conformément à l'esprit général de la Constitution qui est, d'une part, de *« contrer toute tentative de dérive dictatoriale »* [177] et, de l'autre, d' *« assurer l'alternance démocratique »*[178]. À cet égard, la Cour aurait dû, d'un côté, examiner la responsabilité du pouvoir en place dans la non-organisation de l'élection présidentielle (I) et, de l'autre, subordonner le maintien de l'application du principe de la continuité de l'État à l'organisation de l'élection avortée dans un délai raisonnable (II).

I. La bonne foi des gouvernants sortants

50.- *La bonne foi, une notion juridique pluri-disciplinaire*.- De manière générale, la bonne foi peut être définie comme *« une notion morale, rattachée à la probité de la personne physique ou morale lors de l'accomplissement d'un acte »*[179]. Il s'agit là d'une notion transversale applicable à toutes les disciplines juridiques. On la retrouve ainsi en droit des contrats[180], en droit pénal[181], en droit fiscal[182] ou

---

[177] Exposé des motifs de la Constitution du 18 février 2006, *op. cit.*, p. 80.

[178] *Ibid.*

[179] Ana BEDUSCHI-ORTIZ, « La notion de loyauté en droit administratif », *AJDA*, 2011, p. 945.

[180] Rita JABBOUR, *La bonne foi dans l'exécution du contrat*, L.G.D.J., Issy-les-Moulineaux, 2016, XII-487 p.

[181] Nathalie TRALONGO, *Essai sur la bonne foi en droit pénal. Contribution à l'étude de la responsabilité pénale*, Thèse, Montpellier I, 2009, 729 p. ; François GORPHE, *Le principe de la bonne foi*, Thèse, Paris, 1928, p. 9.

[182] Emmanuel SCHMIDT, *La notion de bonne foi : application au droit fiscal français*, L.G.D.J., Paris, 1980, III-409 p.

encore en droit d'auteur[183]. On la retrouve aussi en droit public, aussi bien international qu'interne. Dans ce contexte, elle régit, d'une part, les relations internationales. On a donc affirmé, à cet effet, que *« l'alinéa 14 du Préambule de la Constitution de 1946 implique qu'un État [de bonne foi] comme la France ne saurait invoquer des dispositions internes de son Droit afin de ne pas assurer l'exécution d'un traité pourtant ratifié »*[184]. Elle gouverne, d'autre part, les relations entre Administration et administrés. C'est ainsi que *« le droit administratif impose aussi bien à l'administration, en général, qu'aux agents publics, en particulier, une obligation d'agir de bonne foi, et de s'abstenir de causer du tort aux administrés. Cette exigence peut être logiquement rapprochée de la notion de loyauté, entendue comme la qualité de celui qui agit de manière honnête, loyale, avec probité »*[185].

51.- ***La bonne foi en droit constitutionnel.-*** ◊ *Liminaire.-* Qu'en est-il du droit constitutionnel ? La notion de bonne foi y serait-elle absente ? Pourquoi ce qui est exigé de l'Administration vis-à-vis des administrés ne serait-il pas appliqué aux gouvernants vis-à-vis des gouvernés ? Les

---

[183] Julie GROFFE, *La bonne foi en droit d'auteur*, Institut universitaire Varenne, Clermont-Ferrand, 2015, 477 p.

[184] Patrick FRAISSEIX, *Droit constitutionnel*, Vuibert, 6e éd., Paris, 2013, n° 95, p. 42. Dans le même sens, voir Cons. const., Décision n° 2012-653 DC, 9 aout 2012, § 18, *JORF*, 11 août 2012, p. 13283. Pour approfondir la question, lire aussi Élisabeth ZOLLER, *La bonne foi en droit international public*, A. Pedone, Paris, 1977, XXVI-392 p. ; Robert KOLB, *La bonne foi en droit international public : contribution à l'étude des principes généraux de droit*, PUF, Paris, 2000, 756 p.

[185] A. BEDUSCHI-ORTIZ, « La notion de loyauté en droit administratif », *op. cit.*, p. 945.

gouvernants seraient-ils dispensés de l'obligation d'honnêteté, de loyauté et de probité dans la gestion de la chose publique ? Le monde politique serait-il, en définitive, un monde sans foi ni loi où tous les coups seraient permis ? La réponse à cette question est, assurément, négative. La responsabilité pénale des gouvernants[186] vient, heureusement, rappeler à tous ceux qui ont la charge des institutions étatiques qu'ils ne sont pas au-dessus de la loi et qu'ils doivent exercer leurs fonctions dans le strict respect de la Constitution et des lois de la République. Aussi la Constitution congolaise oblige-t-elle le président de la République élu, avant d'entrer en fonction, de jurer de *« remplir, loyalement et en fidèle serviteur du peuple, les hautes fonctions qui [lui] sont confiées »*[187]. Ceci suppose qu'il doit exécuter son mandat de bonne foi, sans trahir la confiance que le peuple souverain a placé en lui en le désignant à ce poste. Cette bonne foi ne peut, en matière électorale, être établie que si le non-respect des délais constitutionnels est imputable à un cas de force majeure, et non à une intention délibérée du président sortant de faire obstruction au processus électoral aux fins de se maintenir au pouvoir.

52.- *◊ Application au cas d'espèce.- Δ Critères d'appréciation de la force majeure.-* Les députés requérants ayant allégué, sans plus de précision, *« la non tenue du scrutin présidentiel pour cause de contraintes s'analysant comme un cas de force majeure »*[188], il appartenait à la Cour d'apprécier les critères d'application de la force majeure au

[186] Sur cette question, on lira, avec intérêt, Christian BIGAUT, *La responsabilité pénale des hommes politiques*, LGDJ, Paris, 1996, 186 p.
[187] Art. 74 de la Constitution.
[188] Arrêt du 11 mai 2016, p. 6.

cas d'espèce. Rappelons, à cet effet, la notion de la force majeure telle que dégagée par la Cour suprême de justice : *« Tout événement imprévisible et insurmontable empêchant l'exécution d'une obligation, elle est d'origine extérieure en ce qu'elle est absolument étrangère à la personne qui l'invoque »*[189]. Par cette définition, la Cour suprême de justice a fixé trois critères d'appréciation de la force majeure : il doit s'agir d'un événement : 1°/ imprévisible ; 2°/ insurmontable ; 3°/ d'origine extérieure. Appliquant ces critères au cas d'espèce, la Cour constitutionnelle n'aurait eu aucune difficulté, de par le caractère transversal du processus du coup d'État constitutionnel, pour constater que l'impossibilité d'organiser l'élection présidentielle dans le délai constitutionnel constituait un événement prémédité. Il n'était donc pas imprévisible. Il n'était pas davantage insurmontable, parce qu'aucun des prétextes allégués (notamment les difficultés d'ordre technique et le financement des opérations électorales) n'auraient pu s'imposer si le pouvoir en place avait intégré l'organisation des élections dans son agenda politique dès le début du dernier quinquennat du président actuellement en fonction. Enfin, les différentes tentatives avortées de révision constitutionnelle et de la loi électorale démontrent à suffisance que la non-tenue de l'élection présidentielle dans le délai constitutionnel n'est pas un fait extérieur subi par le pouvoir en place. Bien au contraire, c'est l'œuvre d'un calcul politicien qui dénote d'une mauvaise foi manifeste.

---

[189] CSJ, *La Commission électorale indépendante, « CEI »,* R. Const. 38/TSR, 15 septembre 2006, *op. cit.*, p. 394.

53.- *Δ Conséquences de la prise en compte de la bonne foi des gouvernants.-* En clair, la Cour constitutionnelle aurait dû vérifier si les gouvernants en général, et le premier d'entre eux en particulier, n'étaient pas responsables du blocage du processus électoral en cours. Si oui, elle aurait dû leur refuser le bénéfice du principe de la continuité de l'État. Comment pouvaient-ils, en effet, être autorisés à continuer à assurer le fonctionnement régulier des institutions qu'ils ont eux-mêmes perturbé. Telle est, à titre principal, la réponse que la Cour aurait dû réserver à la requête en interprétation de la Constitution introduite par les députés de la majorité et apparentés. Ce faisant, elle aurait refusé de se faire le bouc émissaire d'un coup d'État constitutionnel programmé de longue date. En conséquence, au terme du mandat du chef de l'État en exercice, la légalité de son pouvoir aurait été dépourvue de base juridique. Sa légitimité, déjà écornée par l'élection calamiteuse du 28 novembre 2011, dont on s'accorde à dire que *« les résultats présidentiels définitifs annoncés par la CENI "n'étaient pas crédibles" »*[190], et érodée par la répression sanglante des manifestations de janvier 2015, en aurait gravement pâti. Le *« devoir d'insurrection »* prévu à l'article 64 de la Constitution[191] aurait donc fini par emporter un régime enclin au *statu quo*. En revanche, si, contre toute attente, la Cour devait conclure à l'absence de responsabilité du chef de l'État en fonction dans le blocage du processus électoral, elle aurait admis l'application du principe de la continuité de l'État, à

[190] THE CARTER CENTER, *Élections présidentielle et législatives République démocratique du Congo 28 novembre 2011. Rapport final*, The Carter Center, Atlanta, s.d., p. 3.

[191] Voir *infra*, § 62.

condition toutefois que cette turbulence politique soit exceptionnelle, et non pérenne.

II. Le rétablissement de l'ordre constitutionnel dans un délai raisonnable

54.- ***Le rétablissement de l'ordre constitutionnel violenté.***- Si le coup d'État militaire a pour conséquence l'abrogation de la Constitution[192], le coup d'État constitutionnel, lui, entraîne la *« contrefaçon de la Constitution »*[193], notamment *« lorsque le juge use de sa liberté d'interprétation pour escamoter les équilibres institutionnels »*[194]. Dans tous les cas, militaire ou constitutionnel, tout coup d'État a pour effet de violenter l'ordre constitutionnel antérieur. Le rétablissement de celui-ci doit, dès lors, intervenir dans un délai raisonnable pour permettre le retour au fonctionnement normal et régulier des institutions étatiques. C'est dans ce contexte que la clause dite démocratique autorise certaines organisations internationales, notamment le Commonwealth, *« en cas de détérioration manifeste des Institutions démocratiques ou de coup d'État contre un gouvernement démocratiquement élu [...] à adopter des mesures visant à encourager le rétablissement de la démocratie dans un délai raisonnable »*[195].

---

[192] Marcel PRÉLOT et Jean BOULOUIS, *Institutions politiques et droit constitutionnel*, Dalloz, 11e éd., Paris, 1990, n° 103, p. 200.
[193] S. BOLLE, « Des Constitutions "made in" Afrique », *op. cit.*, p. XIX.
[194] *Ibid.*
[195] Guy S. GOODWIN-GILL, *Élections libres et régulières*, Union interparlementaire, Genève, 2006, pp. 49-50.

En l'espèce, si, usant de sa liberté d'interprétation, la Cour constitutionnelle avait jugé, en dépit de tous les indices graves, précis et concordants de refus d'alternance dans le chef du président sortant, qu'il ne pouvait répondre du blocage du processus électoral, la seule manière, pour elle, de sortir la tête haute de ce coup d'État constitutionnel aurait consisté à admettre l'application du principe de la continuité de l'État sous réserve du rétablissement de l'ordre constitutionnel dans un délai raisonnable. *Concrètement, la Cour aurait subordonné le maintien de l'application du principe de la continuité de l'État à l'organisation de l'élection avortée dans un délai raisonnable*, dont elle aurait fixé l'échéance.

55.- *Le délai raisonnable*.- ◊ *Notion.-* Mais qu'entendre par délai raisonnable ? Notons, à ce sujet, que la démocratie représentative suppose que *« le peuple, titulaire de la souveraineté, choisit périodiquement, pour un temps limité, un certain nombre d'individus qui vont exercer la souveraineté en son nom »* [196]. Dans chaque pays, le Constituant fixe lui-même ce qu'il considère comme délai raisonnable du renouvellement du mandat de ses élus. Ce délai est, s'agissant du mandat présidentiel, de cinq ans en droit congolais. En conséquence, la tenue d'une élection présidentielle après l'expiration du mandat du président sortant signifie, *ipso facto*, qu'elle n'a pas lieu dans un délai raisonnable.

Il se trouve, cependant, que des circonstances extérieures objectives peuvent empêcher la tenue d'élections dans les

[196] Joseph BARTHÉLEMY et Paul DUEZ, *Traité de droit constitutionnel*, Panthéon-Assas, Paris, 2004, p. 80.

délais constitutionnels. C'est le cas, notamment, d'événements nécessitant l'exercice des pouvoirs exceptionnels, la proclamation de l'état de siège ou d'urgence ou de ceux couverts par la théorie dite des circonstances exceptionnelles[197]. Toutes ces situations, qui relèvent de la force majeure, ont pour conséquence d'instaurer une légalité de crise, statut provisoire devant céder le pas à la légalité ordinaire dès que possible, c'est-à-dire dans un délai raisonnable.

L'appréciation du délai raisonnable relève du pouvoir souverain d'appréciation des juges. On peut néanmoins proposer ici quelques critères concrets d'appréciation.

56.- *◊ Illustration.- Δ Disparition de l'événement à l'origine du report de l'élection.-* Si des circonstances extérieures insurmontables ont pu empêcher la tenue d'une élection dans le délai constitutionnel, celle-ci doit avoir lieu dans un délai raisonnable, c'est-à-dire *aussitôt que les circonstances ayant nécessité son report auront disparu.* Le délai raisonnable s'entend ici de la fin de l'événement ayant empêché la tenue de l'élection. Ainsi, si la cause du report de l'élection était une guerre ou une occupation du territoire national par l'ennemi, l'élection doit être organisée dans le temps voisin de la cessation de cet événement. S'il s'était agi d'une catastrophe naturelle d'une grande ampleur ayant affecté l'organisation matérielle de l'élection ou les capacités financières de l'État, l'élection doit être tenue aussitôt les

[197] Sur ces différentes questions, lire Philippe COSSALTER, « Légalité de crise et état d'urgence », Revue générale du droit, numéro 22919, 2015, [en ligne], URL : http://www.revuegeneraledudroit.eu/blog/2015/11/15/la-legalite-de-crise-et-letat-durgence/.

effets de la catastrophe maîtrisés et la relance des activités économiques amorcée.

Dans tous les cas, l'allégation d'absence de moyens financiers ne saurait, *per se*, être constitutive de force majeure. Elle résulte, en effet, de l'incapacité des gouvernants à gérer la chose publique et à anticiper la fin de leur mandat. C'est un signe de mauvaise gouvernance, assimilé à la mauvaise foi. Émile de Girardin ne disait-il pas, à juste titre : *« Gouverner, c'est prévoir. Ne rien prévoir, ce n'est pas gouverner, c'est courir à sa perte »*[198] ?

57.- *Δ Un délai incompatible avec l'exercice d'un mandat de fait.*- Dans tous les autres cas, l'appréciation du délai raisonnable devrait empêcher le président sortant de s'offrir indûment un mandat de fait qui ne serait issu d'aucun suffrage. Dans ce contexte, le délai raisonnable est tout celui qui ne viderait pas de toute sa substance le principe de la limitation d'un mandat électif. À quoi servirait-il, en effet, de limiter un mandat à x années si le président sortant peut, au terme de son mandat, s'offrir un mandat de fait de tant d'années sous prétexte de la continuité de l'État ?

Il s'agira donc, ici, d'un délai strictement nécessaire à la réunion des conditions matérielles de l'organisation d'une élection avortée. Il peut varier de un à plusieurs mois, selon l'appréciation des juges constitutionnels. Cela suppose, bien entendu, que ceux-ci soient réellement indépendants, et non, comme en l'espèce, des acteurs mêmes du coup d'État constitutionnel.

---

[198] Émile DE GIRARDIN, *Questions de mon temps : 1836-1856. Questions politiques*, t. II, Serrière, Paris, MDCCCLVIII (1858), p. 314.

Section 2 : L'Arrêt du 11 mai 2016, chaînon manquant du coup d'État constitutionnel de la IIIe République

58.- ***Note liminaire***.- Un examen minutieux de l'architecture du coup d'État constitutionnel de la IIIe République permet de relever qu'à la vérité, il s'agit d'une œuvre savamment montée par quatre groupes d'acteurs qui, agissant en interaction, ont décidé de maintenir le pays dans le cercle vicieux du *statu quo*. Ils forment ainsi ce que l'on pourrait qualifier de *« quadrature du* statu quo *»* (§ 1), dont la justice constitutionnelle constitue un angle déterminant. Car sa *« contrefaçon »* de la Constitution a eu pour conséquence de mettre devant le fait accompli d'autres acteurs de la vie politique aux fins de les rallier à cette entreprise criminelle[199], la quadrature du *statu quo* se transformant, du coup, en *« polygone du* statu quo *»* (§ 2).

§ 1. La « quadrature du *statu quo* »

59.- ***Exposé théorique***.- À l'image de la quadrature du cercle[200], la *« quadrature du* statu quo *»* symbolise quatre

---

[199] Au plan interne, le coup d'État constitutionnel constitue, en effet, un crime de haute trahison dès lors que *« le Président de la République a violé intentionnellement la Constitution »* (art. 165, al. 1e, de la Constitution. Au plan international, il constitue un crime relatif au changement anticonstitutionnel de gouvernement (art. 28E-e du Statut de la Cour africaine de justice et des droits de l'homme et des peuples).

[200] Il ne s'agit pas ici, loin s'en faut, de *« construire à la règle et au compas un carré de même aire qu'un cercle donné »* (André KROP, *La quadrature du cercle et le nombre π*, Ellipses, Paris, 2005, p. 12). En adoptant la métaphore de la *quadrature du cercle*, l'objectif poursuivi ici

groupes d'acteurs responsables du coup d'État constitutionnel de la IIIe République, organisés à dessein de maintenir le pays dans un cycle infernal, mieux, un cercle vicieux du *statu quo* de déni de démocratie. Les quatre angles de cette quadrature ont joué des rôles différents – mais coordonnés – pour parvenir au parachèvement du coup d'État constitutionnel, en exerçant deux principales fonctions.

Faisant partie du premier groupe, certains ont, en effet, essentiellement exercé une *fonction de conception.* Il s'agit des *universitaires mercenaires* qui, en amont, conçoivent des stratégies de maintien illégal au pouvoir – dont celle dite du « glissement » – et, en aval, conseillent les autres angles de la quadrature, particulièrement le chef de l'État. Ils vont parfois jusqu'à inspirer le juge constitutionnel dans la production des décisions de nature à parachever l'architecture du coup d'État constitutionnel.

Les trois autres groupes ont, eux, exercé une *fonction d'exécution* de la stratégie du maintien au pouvoir conçue par le premier groupe et validée par le chef de l'État. Il s'agit, d'abord, du *pouvoir législatif* qui dispose d'un outil efficace : légiférer au profit du maintien du *statu quo.* La loi constitutionnelle du 20 janvier 2011 supprimant le deuxième tour du scrutin présidentiel et la loi électorale du 12 février 2015, dont le venin contenu à l'alinéa 3 de l'article 8 fut heureusement neutralisé à la suite des émeutes sanglantes de janvier 2015, en constituent une éloquente illustration. Bien plus, après l'échec de cette tentative de coup d'État constitutionnel, c'est encore le même pouvoir législatif qui,

---

est simplement de permettre au lecteur de comprendre comment quatre groupes d'acteurs (formant donc un carré) ont pu empêcher l'évolution démocratique de tout un pays, en le maintenant dans un cercle vicieux du *statu quo* (cercle).

comme pour se racheter, saisit la Cour constitutionnelle en interprétation de la Constitution pour lui permettre de parachever cette entreprise criminelle. Majoritaires à l'Assemblée nationale, les députés du parti au pouvoir n'eurent aucune difficulté pour réunir les 50 signatures nécessaires à la saisine du juge constitutionnel[201]. Ils en obtinrent même 276, plus de la moitié de la représentation nationale étant ainsi favorable au coup d'État constitutionnel !

Il s'agit, ensuite, du *pouvoir exécutif* qui abuse des moyens régaliens à sa disposition pour assurer le maintien au pouvoir du chef de l'État en fonction. Aussi peut-il, non seulement orchestrer des fraudes électorales à grande échelle, mais aussi empêcher la tenue d'élection lorsque le président sortant est hors course.

Il s'agit, enfin, de la *justice constitutionnelle* qui, en l'espèce, intervient comme dernier rempart de protection d'un pouvoir hostile à l'alternance démocratique. Paravent de l'inconstitutionnalité, elle sert ainsi de vitrine juridique de cette architecture criminelle en permettant au président sortant de se maintenir au pouvoir sous une apparence de légalité.

[201] La Cour constitutionnelle peut être saisie en interprétation de la Constitution, entre autres, par *« un dixième des membres de chacune des Chambres parlementaires »* (art. 161, al. 1e, de la Constitution). L'Assemblée nationale comportant 500 sièges (art. 115, al. 2, de la loi n° 06/006 du 9 mars 2006 portant organisation des élections présidentielle, législatives, provinciales, urbaines, municipales et locales, *JORDC,* numéro spécial, 10 mars 2006, p. 25), la signature d'au moins 50 députés était nécessaire pour la saisine de la Cour.

Figure 1 - La quadrature du *statu quo*

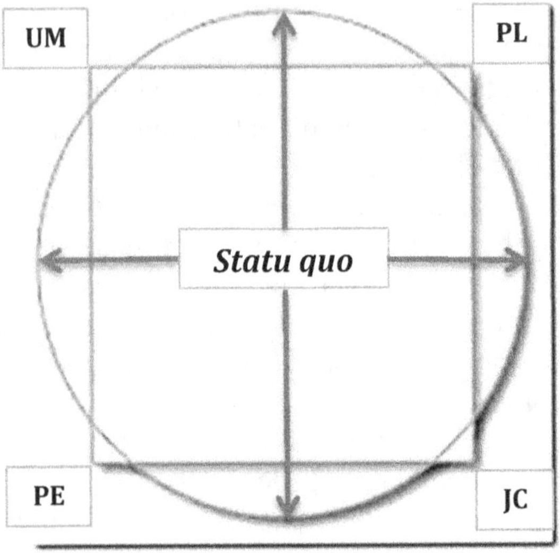

Légende
JC : Justice constitutionnelle
PE : Pouvoir exécutif
PL : Pouvoir législatif
UM : Universitaires mercenaires

60.- ***La justice constitutionnelle, pierre angulaire de la quadrature du* statu quo**.- En permettant ainsi au président de la République sortant de se maintenir indéfiniment au pouvoir au nom du principe de la continuité de l'État, la justice constitutionnelle congolaise a apporté la dernière pierre à l'édifice du coup d'État constitutionnel que bâtit minutieusement le pouvoir en place depuis le premier quinquennat de Joseph Kabila. Il convient, à cet effet, de rappeler qu'elle a été un artisan déterminant de ce processus dans lequel elle est intervenue aussi bien en amont qu'en aval.

En amont, on notera que la Cour suprême de justice, agissant comme juge constitutionnel transitoire, fut le principal artisan de la réélection de Joseph Kabila, lors même que son indépendance vis-à-vis de ce dernier semblait manifestement sujette à caution. Témoins, la nomination de 18 nouveaux magistrats de cette cour par le président-candidat en pleine campagne électorale, mais aussi l'appartenance de l'épouse du premier Président de la Cour à la famille politique du chef de l'État[202]. Pouvait-on, dans ces conditions, s'étonner que la Cour validât, par un arrêt du 16 décembre 2011 [203], l'élection présidentielle fortement controversée du 28 novembre 2011 ?

En aval, c'est encore à la justice constitutionnelle que le pouvoir en place fit appel pour permettre au même Joseph Kabila de demeurer au pouvoir après sa renonciation au référendum constitutionnel et l'échec de la tentative de révision de la loi électorale. Aussi le processus du coup d'État constitutionnel, porté à bout de bras par les trois premiers angles de la quadrature du *statu quo*, trouvait-il son parachèvement dans l'apport décisif du quatrième angle qu'est la Cour constitutionnelle. N'a-t-on pas affirmé, à juste titre d'ailleurs, que le *« coup d'État constitutionnel ne peut*

---

[202] Union européenne. Mission d'observation électorale République démocratique du Congo 2011, *République démocratique du Congo. Rapport final. Élections présidentielle et législatives 28 novembre 2011*, p. 21, [en ligne], URL : http://www.eods.eu/library/FR%20DR%20CONGO%202011_fr.pdf, consulté le 1er septembre 2016.

[203] CSJ, *L'Union pour la Nation congolaise c. Joseph Kabila Kabange et consort*, RCE. 011/PR, 16 décembre 2011.

avoir lieu qu'avec la complicité d'autres organes de l'ordre constitutionnel existant, et le plus souvent les cours constitutionnelles »[204] ?

Ce rôle du quatrième angle de la quadrature du *statu quo* est fondamental. Car le succès du coup d'État constitutionnel permet au pouvoir en place de prendre tout un pays en otage, obligeant ainsi les principaux acteurs politiques et la communauté internationale, devant ce fait accompli, à négocier une sortie de crise en faveur du président sortant.

§ 2. Le « polygone du *statu quo* »

61.- ***Le dialogue politique national***.- Le fait accompli du pouvoir en place a eu pour conséquence de pousser la communauté internationale à *« pren[dre] note de l'arrêt de la Cour constitutionnelle du 11 mai 2016 »*[205] et à inviter tous les acteurs politiques représentatifs à un dialogue de sortie de crise[206]. Dans le même contexte, l'Organisation des Nations Unies et trois organisations partenaires, en l'occurrence l'Union africaine, l'Union européenne et l'Organisation internationale de la francophonie, appelleront, au terme d'un communiqué de presse du 6 juin 2016, à *« la tenue et la conclusion réussie d'un dialogue politique entre tous les acteurs congolais pour leur permettre d'arriver à un consensus permettant la tenue, dans le cadre de la*

---

[204] M. FAU-NOUGARET, « Manipulations constitutionnelles et coup d'État constitutionnel en Afrique francophone », *op. cit.*, p. 2.

[205] Conclusions du Conseil de l'Union européenne sur la République démocratique du Congo adoptées lors de la 3466e session du Conseil le 23 mai 2016, document n° 9101/16, 23 mai 2016, n° 1, p. 2.

[206] *Id.*, n° 3, p. 3.

Constitution congolaise, d'élections libres, régulières, transparentes et crédibles »[207]. Du coup, le *« dialogue politique national et inclusif »*, convoqué par une ordonnance du 28 novembre 2015[208], et dont les travaux n'avaient jamais débuté pour cause de boycott des principaux partis d'opposition, pouvait finalement espérer tenir ses assisses. Quoique toujours boycottées par une partie de l'opposition dite radicale, ces assises ont finalement été ouvertes à Kinshasa le 1e septembre 2016[209]. Or dans la mesure où un tel dialogue intervenait dans le cadre de ce que les Professeurs Marcel Prélot et Jean Boulouis appelaient les *« transformations consenties »* des régimes politiques[210], *les changements attendus nécessitaient, pour leur effectivité, l'accord des gouvernants en place*. Rien d'étonnant donc que l'accord politique du 18 octobre 2016 qui en est issu ait prorogé la tenue de l'élection présidentielle en avril 2018, avec maintien au pouvoir du président sortant[211]. Gouvernant

---

[207] CENTRE D'ACTUALITÉS DE L'ONU, « RDC : l'ONU et ses partenaires réaffirment leur soutien au dialogue politique », 6 juin 2016, [en ligne], URL : http://www.un.org/apps/newsFr/storyF.asp?NewsID=37386#.V9AkESOLTPA.

[208] Ordonnance n° 15/084 du 28 novembre 2015 portant convocation d'un dialogue politique national inclusif en République démocratique du Congo.

[209] LE MONDE, « En RDC, un début de "dialogue national" boycotté par une partie de l'opposition », 2 septembre 2016, [en ligne], URL : http://www.lemonde.fr/afrique/article/2016/09/02/en-rdc-un-debut-de-dialogue-national-boycotte-par-une-grande-partie-de-l-opposition_4991602_3212.html.

[210] M. PRÉLOT et J. BOULOUIS, *Institutions politiques et droit constitutionnel*, op. cit., n° 102, pp. 197-198.

[211] Trésor KIBANGULA, « Dialogue en RDC : l'accord politique reporte les élections d'ici à avril 2018 », *Jeune Afrique*, 18 octobre 2016, [en ligne],

de mauvaise foi, ce dernier aura, en définitive, été le grand gagnant de ce processus en réussissant à se maintenir au pouvoir au-delà du terme de son dernier mandat et en dehors de tout suffrage.

62.- *L'alliance objective de nouveaux acteurs aux principaux angles de la quadrature du* statu quo.- Ainsi, consciemment ou inconsciemment, les différents acteurs intervenant dans le processus de dialogue national (communauté internationale et opposition) ont contribué, avec les principaux angles de la quadrature, au maintien du *statu quo* en participant à la violation intentionnelle de la Constitution orchestrée par un pouvoir hostile à toute alternance démocratique.

La quadrature du *statu quo* se transforme, ainsi, en un *« polygone – en l'espèce, un hexagone – du* statu quo *».* Si les différents sommets de ce polygone ont, assurément, des intérêts divergents, ceux-ci convergent cependant dans un processus visant au maintien au pouvoir d'un président ayant réussi son coup d'État constitutionnel.

Leur œuvre s'avère néfaste au processus démocratique pour deux raisons. D'une part parce que, en dépit de l'équilibre du partage du pouvoir entre le pouvoir et une partie de l'opposition [212], le principal acteur du refus d'alternance restera au pouvoir. D'autre part parce qu'un tel processus de dialogue se déroulera toujours au détriment du souverain primaire qui a fixé des règles claires d'alternance dans la Constitution. Il a pour conséquence de désamorcer les

URL : http://www.jeuneafrique.com/366166/politique/dialogue-rdc-adopte-pleniere-laccord-politique-renvoie-presidentielle-avril-2018/.

[212] L'accord politique du 18 octobre 2016 confie, en effet, le poste de premier ministre à un opposant ayant pris part au dialogue (*Ibid.*).

velléités de *« transformations violentes »* du régime en place, notamment par voie d'insurrection[213].

Or, depuis peu, le constitutionnalisme africain a intégré cette donnée comme intrinsèque à la démocratisation des régimes politiques, au point que certaines Constitutions ont consacré un *« droit à la désobéissance civile »*, soit *« pour la préservation de la forme républicaine de l'État »*[214], soit *« contre tout pouvoir qui ne tire pas sa source de* [la] *Constitution »*[215]. Le droit congolais est, lui, allé plus loin, jusqu'à consacrer ce que l'on pourrait qualifier de *« devoir d'insurrection »*. Tous les Congolais ont, en effet, *« le devoir de faire échec à tout individu ou groupe d'individus qui prend le pouvoir par la force ou qui l'exerce en violation [de la Constitution] »*[216].

Ils semblent d'ailleurs avoir pris conscience de ce devoir en descendant nombreux, les 19 et 20 septembre 2016, dans les rues de la capitale et de certaines villes des provinces pour protester contre la non-tenue de l'élection présidentielle dans le délai constitutionnel[217]. La répression sanglante qui s'en

---

[213] Il faut entendre, par insurrection *« un soulèvement populaire contre le régime politique établi »* (M. PRÉLOT et J. BOULOUIS, *Institutions politiques et droit constitutionnel*, op. cit., n° 102, p. 198) ayant pour conséquence d'entraîner *« la disparition de l'ordonnancement politique en vigueur »* (*Id.*, n° 103, p. 200).

[214] Art. 121, al. 2, de la Constitution malienne du 27 février 1992.

[215] Art. 167 de la Constitution burkinabè du 11 juin 1991, modifiée.

[216] Art. 64 de la Constitution.

[217] Le 19 septembre 2016 coïncidait, en effet, avec le délai de quatre-vingt-dix jours avant l'expiration du mandat du président en exercice, imparti à la CENI pour convoquer le scrutin pour organiser l'élection présidentielle (art. 73 de la Constitution).

est suivie[218] est-elle de nature à étouffer définitivement toute velléité insurrectionnelle et permettre au président sortant une jouissance paisible du fruit de son coup d'État constitutionnel ? L'histoire le dira.

Figure 2 - Le polygone du *statu quo*

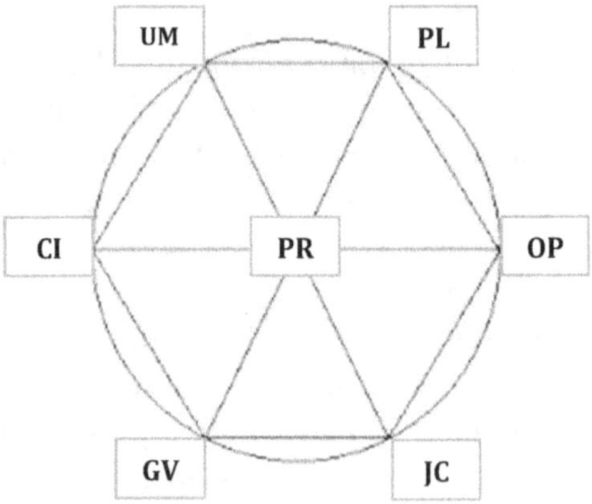

Légende
CI : Communauté internationale
GV : Gouvernement
JC : Justice constitutionnelle
OP : Opposition (partis politiques et groupes de pression)
PL : Pouvoir législatif (Assemblée nationale et Sénat)
PR : Président de la République
UM : Universitaires mercenaires.

[218] Lire, à ce sujet, Maria MALAGARDIS, « RDC : Contesté, Kabila réprime dans le sang », *Libération*, 19 septembre 2016, [en ligne], URL : http://www.liberation.fr/planete/2016/09/19/rdc-conteste-kabila-reprime-dans-le-sang_1503079.

Conclusion

63.- ***La Cour constitutionnelle, « entre le marteau de la politique et l'enclume du droit ».*** - L'Arrêt du 11 mai 2016 intervient dans un contexte particulier où, après son échec à organiser un référendum constitutionnel pour modifier la Constitution et la loi électorale devant concrétiser sa stratégie dite du « glissement », le pouvoir en place n'avait d'autre choix que de recourir au juge constitutionnel pour finaliser son coup d'État constitutionnel. Ainsi, *« pris[e] entre le marteau de la politique et l'enclume du droit »*[219], la Cour constitutionnelle se trouvait à la croisée des chemins de l'histoire politique congolaise. Elle avait l'occasion de faire mentir la réputation, très ancienne, de la justice constitutionnelle de *« faire souffrir le droit pour servir le pouvoir »* [220], les juges constitutionnels, particulièrement ceux

[219] Abraham Hervé DIOMPY, « Les dynamiques de la justice constitutionnelles en Afrique francophone », *Afrilex*, 2014, p. 15, [en ligne], URL : http://afrilex.u-bordeaux4.fr/sites/afrilex/IMG/pdf/JOURNEE_DE_LA_JEUNE_RECHERCHE_EN_DROIT_CONSTITUTIONNEL.pdf, consulté le 3 septembre 2016.

[220] Il s'agit d'une déclaration de Pierre Marcilhacy, avocat au Conseil d'État et à la Cour de cassation et sénateur de la Charente-Maritime, lors d'un débat animé par Marcel Gabilly, rédacteur en chef adjoint du *Figaro*, à l'occasion de l'an 1 de la Constitution de la Ve République. Prirent aussi part à ce débat, MM. Patrice Brocas, maître des requêtes au Conseil d'État et député du Gers ; Marcel Prélot, professeur à la Faculté de droit et sénateur du Doubs ; Paul Reynaud, ancien président du Conseil et président de la Commission des finances de l'Assemblée nationale, et Georges Vedel, professeur à la Faculté de droit de Paris (Marcel GABILLY, « Un an de Constitution : de la lettre à l'application », *Le Figaro*, 12 février 1960, p. 5).

d'Afrique, étant *« nombreux [...] à avoir montré leur insuffisance à être un véritable contre-pouvoir »*[221].

En effet, par la Requête du 14 avril 2016, les députés de la majorité et apparentés voulaient manifestement faire de la Cour constitutionnelle le bouc émissaire d'un coup d'État constitutionnel dont le processus avait débuté depuis le premier quinquennat de Joseph Kabila. La question principale qui lui était posée était de savoir si, face à l'impossibilité, qui se profilait sur la fin du dernier quinquennat, d'organiser l'élection présidentielle dans le délai constitutionnel, le chef de l'État sortant pouvait rester en fonction au-delà de son mandat. Une question connexe lui était également posée, celle de savoir si, au 20 décembre 2016, date de la fin du second quinquennat, le poste de président de la République pouvait être considéré comme vacant, avec pour conséquence l'organisation de l'intérim au profit du président du Sénat tel que prévu à l'article 75.

L'article 70, alinéa 2, de la Constitution, qu'il lui était demandé d'interpréter, est clair à ce sujet : *« À la fin de son mandat, le Président de la République reste en fonction jusqu'à l'installation effective du nouveau Président élu »*. Face à la clarté d'une telle disposition, qui peut condamner la Cour d'avoir jugé que, *« pour consacrer le principe de la continuité de l'État affirmé par l'article 69 de la Constitution, l'article 70 alinéa 2 de la Constitution permet au Président de la République actuellement en exercice de rester en fonction jusqu'à l'installation effective du nouveau Président élu »* ? Qui peut lui jeter la pierre pour avoir affirmé que la question de la vacance du pouvoir, qui

[221] M. FAU-NOUGARET, « Manipulations constitutionnelles et coup d'État constitutionnel en Afrique francophone », *op. cit.*, p. 4.

concernait l'interruption du mandat présidentiel, n'avait pas lieu d'être posée en fin de mandat ?

64.- ***La Cour constitutionnelle, pierre angulaire de la quadrature et du polygone du*** **statu quo**.- Il se trouve, cependant, que le juge constitutionnel n'est pas qu'un simple interprète de la Constitution. Il en est aussi le gardien et, de ce fait, un contre-pouvoir. Ce rôle l'appelait à refuser de servir de bouc émissaire à un coup d'État constitutionnel dont le processus avait commencé plusieurs années auparavant. La Cour se devait donc d'examiner la responsabilité des gouvernants en place sur la non-tenue de l'élection présidentielle dans le délai constitutionnel, pour ne pas offrir une prime à l'inconstitutionnalité aux gouvernants de mauvaise foi. Le principe de la continuité de l'État a, en effet, été conçu pour assurer la pérennité du fonctionnement de l'État, et non l'éternité des gouvernants à la tête de l'État.

La Cour se devait également, à condition d'avoir constaté la bonne foi du pouvoir en place, de conditionner l'application de ce principe à la tenue d'élections dans un délai raisonnable. Ne l'ayant pas fait, elle a donné blanc-seing à un pouvoir qui, refusant toute alternance, a créé les conditions de rupture du fonctionnement régulier des institutions de l'État aux fins d'en tirer profit sous couleur du principe de la continuité de l'État.

De ce fait, la Cour s'est donc imposée, aux côtés des universitaires mercenaires ainsi que des pouvoirs législatif et exécutif, comme étant le quatrième angle de la *« quadrature du* statu quo ». Bien plus, en consolidant la stratégie de prise en otage de la Nation par le pouvoir en place, l'Arrêt du 11 mai 2016 aura eu pour effet d'entraîner d'autres acteurs, tels que la communauté internationale et l'opposition, à un dialogue politique dont la finalité était de permettre au chef de l'État sortant de jouir du fruit de son coup d'État constitutionnel. La Cour est apparue, par voie de conséquence, comme un acteur-clé du *« polygone du* statu quo », le peuple, souverain primaire, étant le grand absent des manœuvres politiciennes visant à contourner la limitation des mandats qu'il a imposée à ses gouvernants dans la Constitution du 18 février 2006.

65.- ***Impasse ou issue de secours ?***- Il a été affirmé, à juste titre, que *« la continuité de l'État peut s'inscrire dans une double perspective :* assurer la pérennité de la vie nationale […] *en vue de* préserver les droits et libertés des personnes […]»[222]. Or l'un des droits fondamentaux des citoyens est de se choisir leurs propres gouvernants aux échéances qu'ils se sont fixées.

Vu sous cet angle, l'article 220 de la Constitution interdisant la révision constitutionnelle des dispositions relatives à la durée et au nombre des mandats présidentiels constituait, pour le chef de l'État, une voie sans issue au bout de laquelle il devait s'arrêter, sortir de la voiture présidentielle et en remettre les clés à son successeur. Dès lors, en interprétant, comme il l'a fait, l'alinéa 2 de l'article 70 de la Constitution au mépris de l'esprit général de la Constitution – qui est de *« contrer toute tentative de dérive dictatoriale »* [223] et d' *« assurer l'alternance démocratique »*[224] – l'Arrêt du 11 mai 2016 a cherché à aménager au président sortant, dont les deux dernières tentatives de coup

---

[222] J. GICQUEL, « Sur la continuité de l'État », *op. cit.*, p. 573.
[223] Exposé des motifs de la Constitution du 18 février 2006, *op. cit.*, p. 80.
[224] *Ibid.*

d'État constitutionnel par voie référendaire et législative avaient fait long feu, une issue de secours inespérée.

Par cet arrêt, la Cour constitutionnelle a ainsi purement et simplement *« contrefait »* la Constitution qu'elle avait mission de protéger. Au-delà des nombreuses questions juridiques fondamentales qu'il n'a pu trancher, cet arrêt aura laissé, en définitive, un goût d'inachevé. En cas tout cas, il laisse subsister une question fondamentale : *« Est-il* toujours *préférable de privilégier la continuité de l'État sur les risques d'autoritarisme inhérents à la concentration des pouvoirs ? Sous certaines circonstances, ne vaudrait-il pas mieux laisser s'éteindre un régime politique plutôt que de le voir se corrompre en un despotisme, voire en un totalitarisme ? »*[225].

---

[225] Martin DELEIXHE, « Le principe de continuité de l'État : une origine théologique », *Journal des Tribunaux*, vol. 34, n° 6577, 2014, p. 646.

Bibliographie[226]

I. Ouvrages généraux

GIRARDIN (Émile DE), *Questions de mon temps : 1836-1856. Questions politiques*, t. II, Serrière, Paris, MDCCCLVIII (1858), 572 p.

GOODWIN-GILL (Guy S.), *Élections libres et régulières*, Union interparlementaire, Genève, 2006, 233 p.

GROFFE (Julie), *La bonne foi en droit d'auteur*, Institut universitaire Varenne, Clermont-Ferrand, 2015, 477 p.

JABBOUR (Rita), *La bonne foi dans l'exécution du contrat*, L.G.D.J., Issy-les-Moulineaux, 2016, XII-487 p.

KABUYA (Charles), *Congo, terre d'enjeux. De la conquête coloniale à la quête d'un destin*, Noe, Cormeilles-en-Parisis, 2010, 383 p.

KABUYA LUMUNA SANDO (Célestin), *Nord-Katanga 1960-1964. De la sécession à la guerre civile. Le meurtre des chefs*, L'Harmattan, Paris, 1993, 222 p.

KOLB (Robert), *La bonne foi en droit international public : contribution à l'étude des principes généraux de droit*, PUF, Paris, 2000, 756 p.

KROP (André), *La quadrature du cercle et le nombre π*, Ellipses, Paris, 2005, 128 p.

SCHMIDT (Emmanuel), *La notion de bonne foi : application au droit fiscal français*, L.G.D.J., Paris, 1980, III-409 p.

VILLIERS (Michel DE) et BERRANGER (Thibault DE) (dir.), *Droit public général. Institutions politiques, administratives et européennes, droit administratif, finances publiques et droit*

---

226 Les références bibliographiques en ligne ont été consultées pour la dernière fois le 24 octobre 2016.

fiscal, LexisNexis, 6e éd., Paris, 2015, XXI-1572 p.
ZOLLER (Élisabeth), *La bonne foi en droit international public*, A. Pedone, Paris, 1977, XXVI-392 p.

II. Ouvrages spécialisés

AVRIL (Pierre), *Les conventions de la Constitution : normes non écrites du droit politique*, PUF, Paris, 1997, 202 p.
BARTHÉLEMY (Joseph) et DUEZ (Paul), *Traité de droit constitutionnel*, Panthéon-Assas, Paris, 2004, X-955 p.
BIGAUT (Christian), *La responsabilité pénale des hommes politiques*, LGDJ, Paris, 1996, 186 p.
BLACHÈR (Philippe), *Droit constitutionnel*, Hachette, 3e éd., Paris, 2015, 168 p.
BOSHAB (Évariste), *Entre la révision de la Constitution et l'inanition de la Nation,* Larcier, Bruxelles, 2013, 440 p.
CHAMPEIL-DESPLATS (Véronique), *Les principes fondamentaux reconnus par les lois de la République. Principes constitutionnels et justification dans les discours juridiques*, Economica, Paris, 2001, 306 p.
DEBBASCH (Charles) *La succession d'Eyadema. Le perroquet de Kara*, L'Harmattan, Paris, 2006, 190 p.
DEBBASCH (Charles) *et al.*, *Droit constitutionnel et institutions politiques*, Economica, 4e éd., Paris, 2001, XII-1033 p.
DIANGITUKWA (Fweley), *Les fraudes électorales. Comment on recolonise la RDC*, L'Harmattan, Paris, 2007, 228 p.
DIKANGA KAZADI (Jean-Marie) (dir.), *RDCongo 2006-2011. Ce qui a changé,* L'Harmattan, Paris, 2011, 326 p.
FAVOREU (Louis) *et al.*, Droit constitutionnel, Dalloz, 18e éd., Paris, 2015, XXIV-1103 p.

FRAISSEIX (Patrick), *Droit constitutionnel*, Vuibert, 6e éd., Paris, 2013, 411 p.

GICQUEL (Jean) et GICQUEL (Jean-Éric), *Droit constitutionnel et institutions politiques*, L.G.D.J., 29e éd., Paris, 2015, 860 p.

HAMON (Francis) et TROPER (Michel), *Droit constitutionnel*, LGDJ-Lextenso, 36e éd., Issy-les-Moulineaux, 2015, 830 p.

KALUBA DIBWA (Dieudonné), *Du contentieux constitutionnel en République démocratique du Congo. Contribution à l'étude des fondements et des modalités d'exercice de la justice constitutionnelle,* Éd. universitaires européennes, Sarrebruck, 2011, 565 p.

KANTOROWICZ (Ernst), *Les deux corps du Roi. Essai sur la théologie politique au Moyen Âge*, Gallimard, Paris, 1989, 638 p.

MAMPUYA KANUNK'A-TSHIABO (Auguste), KALUBA DIBWA (Dieudonné) et BOTAKILE BATANGA (Noël), *La vacance des institutions politiques sous la Constitution du 18 février 2006,* Eucalyptus, Kinshasa, 2016, 94 p.

PRÉLOT (Marcel) et BOULOUIS (Jean), *Institutions politiques et droit constitutionnel*, Dalloz, 11e éd., Paris, 1990, XXIX-925 p.

UYTTENDAELE (Marc), *Précis de droit constitutionnel belge. Regards sur un système institutionnel paradoxal*, Bruylant, Bruxelles, 2005, n° 685, XIII-1196 p.

III. Lexiques et dictionnaires

AVRIL (Pierre) et GICQUEL (Jean), *Lexique de droit constitutionnel*, PUF, 4e éd., Paris, 2013, 127 p.

GUINCHARD (Serge) et DEBARD (Thierry) (dir.), *Lexique des termes juridiques 2016-2017*, Dalloz, 24e éd., Paris, 2016,

1163 p.

PUIGELIER (Catherine), *Dictionnaire juridique*, Larcier, Bruxelles, 2015, 1068 p.

VILLIERS (Michel DE) et LE DIVELLEC (Armel), *Dictionnaire du droit constitutionnel*, Dalloz, 10e éd., Paris, 2015, VIII-407 p.

IV. Thèses

GORPHE (François), *Le principe de la bonne foi*, Thèse, Paris, 1928, IV-263 p.

TRALONGO (Nathalie), *Essai sur la bonne foi en droit pénal. Contribution à l'étude de la responsabilité pénale*, Thèse, Montpellier I, 2009, 729 p.

V. Articles

ABADIE (Georges), « Satisfaction, non sans questions… », *Cahiers du Conseil constitutionnel*, n° 25, août 2009, [en ligne], URL : http://www.conseil-constitutionnel.fr/conseil-constitutionnel/francais/nouveaux-cahiers-du-conseil/cahier-n-25/satisfaction-non-sans-questions.51692.html.

ASSEMBLÉE NATIONALE (RDC) :

- « Le projet de loi électorale du gouvernement déjà au parlement », 7 janvier 2015, [en ligne], URL : http://www.assemblee-nationale.cd/v2/?p=4525
- « L'Assemblée Nationale modifie et adopte la loi électorale », 18 janvier 2015, [en ligne], URL : http://www.assemblee-nationale.cd/v2/?p=4562
- « Loi électorale : l'Assemblée nationale retire l'alinéa controversé », 25 janvier 2015, [en ligne], URL :

http://www.assemblee-nationale.cd/v2/?p=4588

BEDUSCHI-ORTIZ (Ana), « La notion de loyauté en droit administratif », *AJDA*, 2011, pp. 944-951.

BLACHÈR (Philippe) et PROTIÈRE (Guillaume), « Le Conseil constitutionnel, gardien de la Constitution face aux directives communautaires », *Revue française de droit constitutionnel*, 2007/1, n° 69, pp. 123-144.

BOISBOUVIER (Christophe), « Le "Kabila-désir" de Tryphon Mulumba, ministre de la RDC », interview réalisée sur *Radio France internationale*, [en ligne], URL : http://www.rfi.fr/emission/20150813-rdc-tryphon-mulumba-ministrekabila-desir-troisieme-mandat

BOLLE (Stéphane) :

- « Des Constitutions "made in" Afrique, p. XVIII, [en ligne], URL : http://www.droitconstitutionnel.org/congresmtp/textes7/BOLLE.pdf
- « Les juridictions constitutionnelles africaines et les crises électorales », communication lors du 5e Congrès de l'Association des cours constitutionnelles ayant en partage l'usage du français, tenu à Cotonou, du 22 au 28 juin 2009, [en ligne], URL : http://ddata.over-blog.com/xxxyyy/1/35/48/78/Manifestations-scientifiques/Les-JC-et-les-crises-electorales-ACCPUF-5.pdf

BOUQUET (Christian), « L'Afrique saisie par la fièvre du troisième mandat », *Le Monde*, 21 janvier 2016, [en ligne], URL : http://www.lemonde.fr/afrique/article/2016/01/21/l-afrique-saisie-par-la-fievre-du-troisieme-mandat_4851430_3212.html.

CENTRE D'ACTUALITÉS DE L'ONU, « RDC : l'ONU et ses partenaires réaffirment leur soutien au dialogue politique », 6 juin 2016, [en ligne], URL : http://www.un.org/apps/newsFr/storyF.asp?NewsID=37386#.V9AkESOLTPA.

COSSALTER (Philippe), « Légalité de crise et état d'urgence », *Revue générale du droit*, numéro 22919, 2015, [en ligne], URL : http://www.revuegeneraledudroit.eu/blog/2015/11/15/la-legalite-de-crise-et-letat-durgence/

DELEIXHE (Martin), « Le principe de continuité de l'État : une origine théologique », *Journal des Tribunaux*, vol. 34, n° 6577, 2014, p. 646.

DESC-WONDO, « RDC : L'interprétation de l'article 70 de la Constitution ne confère aucun mandat à Kabila pour rester au pouvoir – Maitre Mukendi », [en ligne], URL : http://desc-wondo.org/fr/rdc-linterpretation-de-larticle-70-de-la-constitution-ne-confere-aucun-mandat-a-kabila-de-rester-au-pouvoir-maitre-mukendi/

DIOMPY (Abraham Hervé), « Les dynamiques de la justice constitutionnelles en Afrique francophone », *Afrilex*, 2014, p. 15, [en ligne], URL : http://afrilex.u-bordeaux4.fr/sites/afrilex/IMG/pdf/JOURNEE_DE_LA_JEUNE_RECHERCHE_EN_DROIT_CONSTITUTIONNEL.pdf.

FIDH, « RDC : Déjà 42 mors dans les manifestations contre la loi électorale », communiqué de presse du 21 janvier 2015, [en ligne], URL : https://www.fidh.org/fr/regions/afrique/rdc/16831-rdc-deja-42-morts-dans-les-manifestations-contre-la-loi-electorale

FAU-NOUGARET (Matthieu), « Manipulations constitutionnelles et coup d'État constitutionnel en Afrique francophone », *Afrilex,* [en ligne], URL : http://afrilex.u-bordeaux4.fr/sites/afrilex/IMG/pdf/Manipulations_constituti

onnelles_et_coup_d_etat_constitutionnel.pdf

FLYNN (Daniel) et ROSS (Aaron), « Congo Senate bows to protests, drops reforms seen delaying vote », *Reuters*, 23 janvier 2015, [en ligne], URL : http://www.reuters.com/article/us-congodemocratic-politics-idUSKBN0KW12220150123

GABILLY (Marcel), « Un an de Constitution : de la lettre à l'application », *Le Figaro*, 12 février 1960, p. 5.

GICQUEL (Jean) :

- « L'article 7 de la Constitution de 1958 », in François LUCHAIRE et Gérard CONAC, (dir.), *La Constitution de la République française. Analyses et commentaires*, Economica, 2e éd., Paris, 1979, pp. 347-367.
- « Sur la continuité de l'État », in *Au carrefour des droits*, Mélanges en l'honneur de Louis Dubouis, Dalloz, Paris, 2002, pp. 571-580.

GICQUEL (Jean-Éric), « Article 7 », in François LUCHAIRE, Gérard CONAC et Xavier PRÉTOT (dir.), *La Constitution de la République française. Analyses et commentaires*, Economica, 3e éd., Paris, 2009, pp. 328-351.

GUASTINI (Riccardo), « Les principes de droit en tant que source de perplexité théorique », in Sylvie CAUDAL (dir.), *Les principes en droit*, Economica, Paris, 2008, pp. 113-123.

HOFNUNG (Thomas), « Juriste mercenaire », *Libération*, 18 février 2005, pp. 34-35.

HUMAN RIGHTS WATCH, *Rapport mondial 2016 : République démocratique du Congo. Événements de 2015*, janvier 2016, p. 1, [en ligne], URL : https://www.hrw.org/sites/default/files/democraticrepublicofcongo_fr.pdf

JAKUBYSZYN (Christophe), « Le Conseil constitutionnel, plus si sage », *Le Monde,* 14 novembre 2007, [en ligne], http://www.lemonde.fr/politique/article/2007/11/14/la-loi-sur-l-immigration-devant-un-conseil-constitutionnel-plus-politique_978169_823448.html?xtmc=badinter_devoir_d_ingratitude&xtcr=1

JEUNE AFRIQUE, « Après la chute de Compaoré, Kabila peut-il faire réviser la Constitution de RDC », *Jeune Afrique*, 20 novembre 2014, [en ligne], URL : http://www.jeuneafrique.com/40015/politique/apr-s-la-chute-de-compaor-kabila-peut-il-faire-r-viser-la-constitution-de-rdc/

KABUYA LUMUNA SANDO (Célestin), « RDC – Histoire des dialogues politiques congolais : autopsie d'une tradition démocratique », *Le Potentiel*, 30 décembre 2015, [en ligne], URL : http://www.lepotentielonline.com/index.php?option=com_content&view=article&id=13817:rdc-histoire-des-dialogues-politiques-congolais-autopsie-d-une-tradition-democratique&catid=90:online-depeches&Itemid=667

KALONJI KABULU (Éric), « Coup d'État constitutionnel », *Congo Indépendant*, 12 mai 2016, [en ligne], http://www.congoindependant.com/articleprint.php?articleid=10810

KASHAMA-NKOY (Jean Claude), « La continuité de l'Etat, la vacance, l'alternance politique et la crise de légitimité en démocratie », *Le Phare,* 8 avril 2016, [en ligne], URL : http://7sur7.cd/new/la-continuite-de-letat-la-vacance-lalternance-politique-et-la-crise-de-legitimite-en-democratie/

KIBANGULA (Trésor) :

- « Dialogue en RDC : l'accord politique reporte les élections d'ici à avril 2018 », *Jeune Afrique*, 18 octobre 2016, [en ligne], URL :

http://www.jeuneafrique.com/366166/politique/dialogue-rdc-adopte-pleniere-laccord-politique-renvoie-presidentielle-avril-2018/.

- « Kin-Kiey Mulumba, ministre des Relations avec le Parlement : "Pourquoi il faut repenser le système électoral en RDC" », interview réalisée pour le compte de *Jeune Afrique*, [en ligne], URL : http://www.jeuneafrique.com/247526/politique/kin-kiey-mulumba-faut-repenser-systeme-electoral-rdc/

KWANDJA NGEMBO (Isidore), « RD CONGO – Élection présidentielle hypothétique : la RDC navigue dans les eaux troubles », *Courrier des Afriques*, 24 décembre 2015, [en ligne], URL : http://www.courrierdesafriques.net/2015/12/rd-congo-election-presidentielle-hypothetique-la-rdc-navigue-dans-les-eaux-troubles

LE MAXIMUM et Daniel MAKILA K., « Polémique sur les délais constitutionnels : "empêchement définitif" et "intérim" à la Présidence de la République : des concepts manipulés », *Le Maximum*, 8 mars 2016, [en ligne], URL : http://lemaximum.cd/polemique-sur-les-delais-constitutionnels-empechement-definitif-et-interim-a-la-presidence-de-la-republique-des-concepts-manipules/

LE MONDE, « En RDC, un début de "dialogue national" boycotté par une partie de l'opposition », 2 septembre 2016, [en ligne], URL : http://www.lemonde.fr/afrique/article/2016/09/02/en-rdc-un-debut-de-dialogue-national-boycotte-par-une-grande-partie-de-l-opposition_4991602_3212.html.

LOADA (Augustin), « La limitation du nombre de mandats présidentiels en Afrique francophone », *Afrilex*, n° 03/2003, p. 139, [en ligne], URL : http://afrilex.u-bordeaux4.fr/sites/afrilex/IMG/pdf/3doc8loada.pdf.

MALAGARDIS (Maria), « RDC : Contesté, Kabila réprime dans le sang », *Libération*, 19 septembre 2016, [en ligne], URL : http://www.liberation.fr/planete/2016/09/19/rdc-conteste-kabila-reprime-dans-le-sang_1503079.

MBATA MANGU (André), « Monarchies présidentielles et révisions constitutionnelles : le syndrome du troisième mandat ou d'une présidence à vie dans les États-membres de l'Union africaine », *Revue africaine de la démocratie et de la gouvernance*, Kinshasa, 2014

MUYOBOKE MAZIRANE (Liévin), « Troisième mandat présidentiel : une pierre d'achoppement à la démocratisation des États africains des Grands Lacs », *Annales de l'Université de Goma,* vol. V, n° 2, 2015.

NKALE BUANGA (Jacques), « Prof. André Mbata Mangu : L'article 70 ne parle pas de l'élection, mais de l'installation effective du nouveau Président élu », interview donnée par le Pr. André Mbata B. Mangu, 17 avril 2016, [en ligne], http://www.ingeta.com/prof-andre-mbata-mangu-interview/,

NKAMBUA (Jean-Marie), « Impasse face à l'absence de l'élection présidentielle en 2016 », interview accordée par le Pr. Auguste Mampuya Kanunk'a Tshiabo, *L'Avenir*, 17 mars 2016, [en ligne], URL : http://groupelavenir.org/impasse-face-a-labsence-de-lelection-presidentielle-en-2016/

RADIO OKAPI :

- « Analyse de l'arrêt de la Cour constitutionnelle sur le maintien au pouvoir de Joseph Kabila en l'absence d'élection », émission radiophonique du 12 mai 2016, [en ligne], http://www.radiookapi.net/sites/default/files/2016-05/120516-p-f-dec-analyse_arret_courconstitutionnelle-00.mp3
- « Sénat : le recensement et l'identification de la

population élagués de la loi électorale », 23 janvier 2015, [en ligne], URL : http://www.radiookapi.net/actualite/2015/01/23/senat-le-recensement-lidentification-de-la-population-elagues-de-la-loi-electorale

RFI, « RDC : le parti de Kabila en faveur d'une modification de la Constitution », *RFI*, 30 juillet 2014, [en ligne], URL : http://www.rfi.fr/afrique/20140730-rdc-le-parti-presidentiel-modification-constitution-kabila-presidentielle/

ROGER (Benjamin) et CARAYOL (Rémi), « Burkina : le récit de la chute de Compaoré, heure par heure », *Jeune Afrique,* 18 novembre 2014, [en ligne], URL : http://www.jeuneafrique.com/39108/politique/burkina-le-r-cit-de-la-chute-de-compaor-heure-par-heure/

TROPER (Michel), « Kelsen et la Cour constitutionnelle », in Olivier BEAUD et Pasquale PASQUINO (dir.), *La controverse sur « le gardien de la Constitution ».* Kelsen contre Schmitt, Panthéon-Assas, Paris, 2007, pp. 83-98.

ZABO (Zéphirin), « RDC, la requête en interprétation : un couteau à double tranchant susceptible de se détourner contre "Kabila" pour haute trahison », Kongo Times, 28 avril 2016, p. 5, [en ligne], URL : http://fr.kongotimes.info/2016/04/28/rdc-requete-interpretation-couteau-double-tranchant-susceptible-retourner-contre-kabila-haute-trahison/

VI. Textes officiels

A. RDC

1) Recueils de textes

IYELEZA MOJU-MBEY, MASIKA KATSUVA et ISENGINGO KAMBERE-NG'ISE, *Recueil des textes constitutionnels de la République du Zaïre. Du 19 mai 1960 au 28 avril 1991 avec, en annexe, la Charte coloniale du 18 octobre 1908*, Ise-Consult, Kinshasa, 1991, 150 p.

VUNDUAWE TE PEMAKO (Félix) et MBOKO DJ'ANDIMA (Jean-Marie), *Droit constitutionnel du Congo. Textes et documents fondamentaux*, 2 vol., Harmattan-Academia, Louvain-la-Neuve, 2012, 1433 p.

WETSH'OKONDA KOSO SENGA (Marcel), *Les textes constitutionnels congolais annotés*, CDHC, sl, sd, 544 p.

2) Textes divers

Accord global et inclusif sur la transition en République démocratique du Congo, *JORDC,* numéro spécial, 5 avril 2003, pp. 49-70.

Constitution de la République démocratique du Congo du 1e août 1964, *Moniteur congolais*, numéro spécial, 5 octobre 1965.

Constitution de la République démocratique du Congo du 24 juin 1967, *Moniteur congolais*, n° 14, 15 juillet 1967.

Constitution, telle que modifiée par la loi n° 74/020 du 15 août 1974 portant révision de la Constitution du 24 juin 1967, Imprimerie de l'État, Kinshasa, s.d.

Constitution de la transition du 4 avril 2003, *JORDC,* numéro spécial, 5 avril 2003, pp. 3-48.

Constitution de la République démocratique du Congo, *JORDC*, numéro spécial, 20 juin 2006, pp. 3-47.

Décret-loi constitutionnel n° 003 du 27 mai 1997 relatif à l'organisation et à l'exercice du pouvoir en République démocratique du Congo, *JORDC*, numéro spécial, mai 1997.

Loi fondamentale du 19 mai 1960 relative aux structures du Congo, *Moniteur congolais*, n° 21 bis, 27 mai 1960.

Loi n° 11/002 du 20 janvier 2011 portant révision de certains articles de la Constitution de la République démocratique du Congo, *JORDC*, n° 3, 1e février 2011.

Loi n° 15/001 du 12 février 2015 modifiant et complétant la Loi n° 06/006 du 09 mars 2006 portant organisation des élections présidentielle, législatives, provinciales, urbaines, municipales et locales telle que modifiée par la loi N° 11/003 du 25 juin 2011, *JORDC*, numéro spécial, 17 février 2015.

Ordonnance n° 15/084 du 28 novembre 2015 portant convocation d'un dialogue politique national inclusif en République démocratique du Congo.

B. Autres pays

Constitution de la République algérienne démocratique et populaire, telle que modifiée par la loi n° 16-01 du 6 mars 2016, *J.O.*, n° 14, 7 mars 2016.

Constitution de la République du Bénin (Loi n° 90-32 du 11 décembre 1990 portant), *J.O. de la République du Bénin*, n° 1, 1er janvier 1991.

Constitution du Burkina Faso, Charte de la transition, janvier 2015, p. 53, [en ligne], http://www.mediacom.bf/pdf/Constitution&charte%20de%20la%20transition.pdf

Constitution du Cameroun du 2 juin 1972 (Loi n° 96/06 du 18 janvier 1996 portant révision de la), [en ligne] : URL : http://www.spm.gov.cm/documentation/textes-legislatifs-et-reglementaires/article/loi-n-9606-du-18-janvier-1996-portant-revision-de-la-constitution-du-02-juin-1972.html

Constitution de la République centrafricaine, [en ligne], URL : http://www.assembleenationale-rca.org/wp-content/uploads/2016/04/projet-constitution-RCA-adopte-par-CNT-2015.pdf

Constitution de la République du Congo adoptée par référendum le 25 octobre 2015 », *Journal Officiel (J.O.) de la République du Congo*, édition spéciale, n° 8, 6 novembre 2015.

Constitution française du 4 octobre 1958, (*JORF*, n° 0238, 5 octobre 1958, p. 9151), modifiée par la loi constitutionnelle n° 2008-724 du 23 juillet 2008 de modernisation des institutions de la Ve République (*JORF*, 24 juillet 2008).

Constitution de la République de Guinée du 7 mai 2010, [en ligne], URL : http://la-constitution-en-afrique.org/article-la-constitution-du-7-mai-2010-50082228.html

Constitution de la République d'Haïti du 29 mars 1987, [en ligne], URL : https://www.haiti-reference.com/pages/plan/histoire-et-societe/documents-historiques/constitutions/constitution-de-1987/).

Constitution de la République de Madagascar du 11 décembre 2010, [en ligne], URL : https://www.ilo.org/dyn/natlex/docs/ELECTRONIC/87885/100324/F1780692018/Madagascar,%20Constitution%20de%20la%20IVe%20Republique%202010.pdf, consulté le 3 septembre 2016 ; art. 76, al. 1e, de la Constitution tchadienne du 31 mars 1996, révisée, [en ligne], URL : http://democratie.francophonie.org/IMG/pdf/Constitution_revisee_de_la_Republique_du_Tchad.pdf

Constitution malienne du 27 février 1992, Décret n° 92-0731 P-CTSP portant promulgation de la constitution, [en ligne], URL : https://www.un.int/mali/sites/www.un.int/files/Mali/decret_ndeg_92-0731_p-ctsp_portant_promulgation_de_la_constitution.pdf

Constitution marocaine du 29 juillet 2011, *Bulletin officiel*, n° 5964 *bis*, 28 chaabane 1432 (30 juillet 2011).

Constitution nigérienne du 25 novembre 2011, [en ligne], URL : https://www.ilo.org/dyn/natlex/docs/ELECTRONIC/90281/103975/F1778860199/NER-90281.pdf

Constitution de la République du Rwanda de 2003 révisée en 2015, *Official Gazette,* numéro spécial, 24 décembre 2015.

Constitution du Sénégal du 22 janvier 2001, [en ligne], URL : http://www.jo.gouv.sn/spip.php?article36

Constitution (The) of the Republic of South Africa, as adopted on 8 May 1996 and amended by Constitution Seventeenth Amendment Act of 2012 – Government Notice 72 in Government Gazette 36128, dated 1 February 2013.

Constitution togolaise du 14 octobre 1992, *J.O. de la République togolaise*, numéro 36, 19 octobre 1992.

Constitution tunisienne du 27 janvier 2014, [en ligne], URL : http://www.businessnews.com.tn/bnpdf/Constitutionfrancais.pdf

C. Organisations internationales

Charte africaine de la démocratie, des élections et de la gouvernance, adoptée par la 8e session ordinaire de la Conférence des chefs d'État et de gouvernement de l'Union africaine, tenue le 30 janvier 2007 à Addis Abeba (Éthiopie), [en ligne], URL : http://www.ipu.org/idd-f/afr_charter.pdf.

Protocole portant amendements au Protocole portant Statut de la Cour africaine de justice et des droits de l'homme, adopté par la 23e session ordinaire de la Conférence des chefs d'État et de gouvernement de l'Union africaine, tenue à Malabo (Guinée équatoriale), le 27 juin 2014, [en ligne], URL : http://lawyersofafrica.org/wp-content/uploads/2014/10/PROTOCOLE-PORTANT-AMENDMENTS-AU-PROTOCOLE-PORTANT-STATUT-DE-LA-COUR-AFRICAINE-DE-JUSTICE-ET-DES-DROITS-DE-LHOMME-FR-Clean.pdf.

VII. Jurisprudence

Cour const. Burundi, 4 mai 2015, RCCB 303.

Cour const. Congo-Brazza, Décision n° 003/DCC/REF/15 du 5 novembre 2015 portant proclamation des résultats définitifs du référendum constitutionnel : scrutin du 25 octobre 2015, [en ligne], URL : http://cour-constitutionnelle.cg/avis/DCC-003-du-5-nov-15-proclamation-resultats-referendum-25-oct-15.pdf

Cour const. RDC, *Emmanuel Ramazani Shadary et al.*, R. Const. 262, 11 mai 2016, *JORDC*, numéro spécial, 5 juillet 2016.

Cons. const. France, Décision n° 2012-653 DC, 9 aout 2012,

§ 18, *JORF*, 11 août 2012, p. 13283.

CSJ, *La Commission électorale indépendante, « CEI »*, R. Const. 38/TSR, 15 septembre 2006, *Bulletin des arrêts de la Cour suprême de justice*, contentieux électoraux 2006-2007, 2007, pp. 390-396.

CSJ, *Union pour la Nation c. Joseph Kabila Kabange et La Commission électorale nationale indépendante*, 16 décembre 2011, RCE 011/PR.

VIII. Rapports et documents divers

CONSEIL DE L'UNION EUROPÉENNE, Conclusions du Conseil de l'Union européenne sur la République démocratique du Congo adoptées lors de la 3466e session du Conseil le 23 mai 2016, document n° 9101/16, 23 mai 2016.

THE CARTER CENTER, *Élections présidentielle et législatives République démocratique du Congo 28 novembre 2011. Rapport final*, The Carter Center, Atlanta, s.d., 148 p.

UNION EUROPÉENNE. MISSION D'OBSERVATION ÉLECTORALE RÉPUBLIQUE DÉMOCRATIQUE DU CONGO 2011, *République démocratique du Congo. Rapport final. Élections présidentielle et législatives 28 novembre 2011*, p. 21, [en ligne], URL : http://www.eods.eu/library/FR%20DR%20CONGO%202011_fr.pdf.

Annexes

1. Arrêt de la Cour constitutionnelle du 11 mai 2016 (extrait).

2. Constitution du 18 février 2006, telle que modifiée par la loi du 20 janvier 2011 (extraits).

3. Loi n° 11/002 du 20 janvier 2011 portant révision de certains articles de la Constitution de la République démocratique du Congo du 18 février 2006 (extraits).

I. Arrêt R. Const. 262 du 11 mai 2016 : M. Emmanuel Ramazani Shadary et crts (JORDC, numéro spécial, 5 juillet 2011).

La Cour constitutionnelle, siégeant en matière d'interprétation de la Constitution, a rendu l'arrêt suivant :

Audience publique du onze mai l'an deux mille seize ;

En cause :

Requête des Députés nationaux : RAMAZANI SHADARY Emmanuel, [...] et KATSHONGO MBAVU Paulin, en interprétation de l'article 70 de la Constitution du 18 février 2006 telle que révisée par la Loi n° 11/002 du 20 janvier 2011, en relation avec les articles 75, 76, 103, 105 et 197 de la même Constitution.

Par leur requête signée le 14 avril 2016 et reçue au greffe de la Cour constitutionnelle le 18 avril 2016, les 276 Députés nationaux signataires de ladite requête sollicitent de cette Cour l'interprétation de l'article 70 de la Constitution du 18 février 2006 telle que modifiée par la Loi n° 11/002 du 20 janvier 2011 en relation avec les articles 75,76, 103, 105 et 197 de la même Constitution en ces termes :

À Monsieur le Président de la Cour constitutionnelle ;
À Messieurs les membres de la Cour constitutionnelle ;
à Kinshasa/Gombe

Concerne : Recours en interprétation de l'article 70 de la Constitution du 18 février 2006 telle que modifiée par la Loi n° 11/002 du 20 janvier 2011 en relation avec les articles 75, 76, 103, 105 et 197 de la même Constitution.

Monsieur le président,
Messieurs les Juges,

Les soussignés députés nationaux, représentant au moins le dixième des membres de l'Assemblée nationale, ayant leurs bureaux au Palais du peuple, siège de la chambre législative sis à Kinshasa, Commune de Lingwala, aux croisements de l'avenue des Huileries avec le Boulevard Triomphal, et agissant conformément aux prescrits des articles 161, alinéa 1er de la Constitution du 18 février 2006 telle que modifiée par la Loi n° 11/002 du 20 janvier 2011, 54, alinéa 1er de la Loi organique n° 13/026 du 15 octobre 2013 portant organisation et fonctionnement de la Cour constitutionnelle et 51, alinéa 1er du Règlement intérieur de celle-ci, ont l'honneur de saisir votre haute Cour en interprétation de l'article 70, alinéa 2 de ladite Constitution mis en combinaison avec articles 103, 105 et 197, d'une part, et avec les articles 75 et 76 de la même Loi fondamentale, d'autre part.

En effet, pour un bon nombre de Députés nationaux de notre chambre législative, le Président de la République, qui est arrivé en fin de mandat, doit demeurer en fonction en attendant l'installation effective de son successeur élu.

Cela revient à dire que même au cas où l'élection présidentielle aurait lieu au-delà du mandat présidentiel, le Président de la République en fonction dont le mandat a pris fin doit rester en fonction jusqu'à l'installation effective du Président élu appelé à le replacer ; l'installation d'un Président élu étant matérialisé par la prestation de serment et sa prise de fonction.

Cette interprétation ne semble pas rencontrer l'unanimité du fait d'un certain discours véhiculé par certaines personnes qui estiment que le Président de la République en fonction ne peut le demeurer à la fin du mandat. Elles pensent que la fin du mandat non suivie de l'installation effective du nouveau Président élu crée la vacance de la Présidence de la République selon les articles 75 et 76 de la Constitution, auquel cas la fonction de Président de la République est assurée par le Président du Sénat.

I. De la recevabilité

Le présent recours s'est conformé à l'exigence des articles 161 de la Constitution et 54 de la Loi organique n° 13/026 du 15 octobre 2013 portant organisation et fonctionnement de la Cour constitutionnelle, motif pris du fait qu'il est l'œuvre de 276 députés nationaux soussignés.

L'Assemblée nationale étant constituée de 500 députés conformément au prescrit de l'article 101 de la Constitution et 115, alinéa 2 de la Loi n° 5/001 du 12 février 2015 modifiant et complétant la Loi n° 06/006 du 09 mars 2006 portant organisation des élections présidentielle, législatives, provinciales, urbaines, municipales et locales telle que modifiée par la Loi n° 11/003 du 25 juin 2011, la fraction minimale du 1/10è est largement dépassée.

Il plaira à la Haute Cour de dire le présent recours recevable en la forme.

II. Du fondement

Pour mémoire, l'article 70 susdit est ainsi libellé : « Le Président de la République est élu au suffrage universel direct pour un mandat de cinq ans renouvelable une fois. À la fin de son mandat, le Président de la République reste en fonction jusqu'à l'installation effective du nouveau Président élu ».

L'interprétation qu'en donne les adversaires de notre position nous semble erronée étant donné qu'aux termes de l'article 75 de la Constitution, la vacance a pour cause le décès ou la démission. Quant à l'empêchement définitif, il s'analyse en cours de mandat et non à la fin de ce dernier.

Il faut, par ailleurs, observer que la vacance de la Présidence de la République est clairement organisée dans la Constitution et qu'en aucun moment, la non tenue du scrutin présidentiel pour cause de contraintes s'analysant comme un cas de force majeure, ne peut être assimilée à une vacance.

En outre, l'article 76, alinéa 1er de la Constitution dispose : « La vacance de la Présidence de la République est déclarée par la Cour constitutionnelle saisie par le Gouvernement ». Strictement parlant, cela implique que la vacance de la Présidence n'est pas, au sens de la Constitution, une situation de fait mais plutôt une situation consacrée par décision de justice, la résultante d'un jugement (arrêt) déclaratif à l'instar du jugement déclaratif de la faillite ou du divorce, en droit privé.

Il en est de même de l'empêchement définitif.

Dans une approche comparative sur le plan institutionnel, ils relèvent que des dispositions prescrites par le constituant pour le Président de la République à l'article 70, alinéa 2 sont, mutatis mutandis, les mêmes prescrites pour les députés nationaux à l'article 103, pour les Sénateurs à l'article 105 et pour les députés provinciaux à l'article 197 alinéas 1 à 6.

Toutes ces dispositions répondent à l'objectif du constituant d'assurer la stabilité et la continuité des institutions de manière exceptionnelle et d'éviter le vide juridique en cas de non organisation éventuelle des élections en temps voulu.

Enfin, les requérants, toujours dans une approche comparative, se réfèrent à l'article 134.1 de la Constitution haïtienne du 29 mars 1987 telle qu'amendée à ce jour, en relevant que si la volonté du constituant était de faire valoir le principe de vacance de pouvoir à la tête de l'institution Président de la République, en cas de non organisation des élections, il l'aurait dit expressément comme le constituant haïtien.

En effet, ce dernier dispose comme suit :

La durée du mandat présidentiel est de cinq (5 ans). Cette période commence et se termine le 7 février suivant la date des élections (art. 134.1)

Le Président de la République ne peut bénéficier de prorogation de « mandat. Il ne peut assurer un nouveau mandat qu'après un intervalle de « cinq (5) ans. En aucun cas, il ne peut briguer un troisième mandat » (article 134.3).

Toutes ces précisions sont donc données dans la Constitution haïtienne pour montrer clairement que le Président élu en fonction ne peut faire aucun jour de plus à la tête du pays, à la fin de son mandat.

Si l'élection n'est pas organisée à la date précise prévue (le 7 février), il doit déposer le pouvoir et la vacance doit s'ouvrir.

Face à cette divergence d'interprétation, les soussignés sollicitent l'interprétation par la Cour des dispositions de l'article 70 de la Constitution en relation avec les articles 75, 76, 103, 105 et 197 de la même Constitution et ce, conformément à l'article 168 de la Constitution.

En effet, quelle interprétation et quelle conséquence appliquer, d'une part, à la disposition de l'article 70, spécialement son alinéa 2, en relation avec les articles 75 et, d'autre part, aux dispositions des articles 103 alinéa 2, 105 alinéa 2 et 197 alinéa 6 de la Constitution ?

À ces causes, qu'il plaise à la Cour de dire recevable le présent recours et, en conséquence, de donner l'interprétation attendue des dispositions constitutionnelles concernées.

Et ce sera justice.

Fait à Kinshasa, le 14 avril 2016.

Les Députés nationaux signataires dont la liste en annexe.

Par son ordonnance du 18 avril 2016, Monsieur le président de cette Cour désigna le juge Funga Molima Mwata Évariste-Prince en qualité de rapporteur et par celle du 09 mai 2016, il fixa la cause à l'audience publique du 11 mai 2016 ;

À l'appel de la cause à cette audience publique, les requérants comparurent en personne et confirmèrent leur requête et leurs signatures ;

La Cour déclara la cause en état d'être examinée et accorda la parole :

- d'abord au juge Funga Molima Mwata Évariste-Prince qui donna lecture de son rapport sur les faits de la cause, la procédure et l'objet de la requête ;
- ensuite, au procureur général représenté par le premier avocat général Mokola Pikpa Donatien qui donna lecture de son avis écrit dont ci-dessous le dispositif :

Par ces motifs

Qu'il plaise à la Cour de :

- Se déclarer compétente pour examiner la requête en interprétation de la Constitution enrôlée sous R. Const 262 ;
- La déclarer recevable ;
- Dire que l'alinéa 1er de l'article 70 de la Constitution est clair et ne donne dès lors pas lieu à interprétation ;
- Dire que la vacance de la Présidence de la République et l'empêchement définitif concernent le Président en cours de mandat, et qu'en cas de non organisation de l'élection présidentielle dans le délai constitutionnel, le Président arrivé en fin du mandat demeure en fonction jusqu'à l'installation effective du nouveau Président élu ».

Sur ce, la Cour clôt les débats, prend la cause en délibéré et, séance tenante, prononce l'arrêt suivant :

Arrêt

Par requête signée le 14 avril 2016 par eux-mêmes et déposée au greffe de la Cour constitutionnelle le 18 avril 2016, les députés nationaux RAMAZANI SHADARY Emmanuel, […] et KATSHONGO MBAVU Paulin, soit au total deux cent soixante-seize députés nationaux, sollicitent l'interprétation de l'article 70, alinéa 2 de la Constitution, en combinaison, d'une part, avec les articles 103, 105 et 197, et d'autre part, avec les articles 75 et 76 de la même Constitution.

Examinant sa compétence, la Cour constitutionnelle relève des dispositions combinées des articles 161, alinéa 1 de la Constitution, 54 de la loi organique n° 13/026 du 15 octobre 2013 portant son organisation et son fonctionnement, ainsi que de l'article 51 de son règlement intérieur qu'elle connaît des recours en interprétation de la Constitution sur saisine du Président de la République, du Gouvernement, du Président du Sénat, du Président de l'Assemblée nationale, d'un dixième des membres de chacune des chambres parlementaires, des gouverneurs de province et des présidents des Assemblées provinciales.

Elle se déclarera, dès lors, compétente pour connaître de la requête sous examen, qu'elle juge par ailleurs recevable, car signée, en leurs noms personnels, par plus de la moitié de cinq cents membres de l'Assemblée nationale.

Pour justifier l'interprétation sollicitée, les requérants expliquent que deux opinions s'affrontent autour des conséquences devant découler de la fin du mandat du Président de République, au cas où l'élection de son remplaçant n'est pas organisée dans le délai fixé par la Constitution.

Pour les uns, le Président de la République, arrivé à la fin de son mandat, doit demeurer en fonction en attendant l'installation effective de son successeur élu, laquelle est matérialisée par la prestation de serment et la prise de ses fonctions, et ce même au cas où l'élection présidentielle aurait lieu au-delà du délai fixé par la Constitution.

Pour les autres, la fin du mandat non suivie de l'installation effective du nouveau Président de la République élu crée la vacance de la Présidence de la République, conformément aux articles 75 et 76 de la Constitution, auquel cas la fonction de Président de la République est assurée par le Président du Sénat.

Selon les tenants de la première opinion dont relèvent les requérants, l'interprétation à donner à l'article 70 alinéa 2 susvisé est, mutatis mutandis, celle des articles 103 pour les députés nationaux, 105 pour les sénateurs et 197, alinéas 1 à 6 de la Constitution pour les députés provinciaux, toutes ces dispositions ayant pour finalité, dans l'esprit du constituant, d'assurer, de manière exceptionnelle, la stabilité et la continuité des institutions, en évitant un vide juridique en cas de non-organisation des élections en temps voulu.

Et de conclure, que si la volonté du constituant était de faire valoir le principe de la vacance du pouvoir à la tête de l'institution Président de la République dans pareilles conditions, il l'aurait expressément proclamé, à l'instar de l'article 134.1 de la Constitution haïtienne du 29 mars 1987 telle que révisée à ce jour.

À l'appui de la requête, sont produits au dossier de la cause, entre autres pièces à conviction, une liste nominative signée par deux cent soixante-seize députés nationaux, un acte de notification à l'Assemblée nationale le 03 mai 2014, l'arrêt RE 008 du 27 avril 2012 de la Cour suprême de justice, faisant office de Cour constitutionnelle, relatif à la proclamation des résultats définitifs des élections législatives du 28 novembre 2011, divers procès-verbaux de séances plénières de l'Assemblée nationales, des listes de présences à ces séances, des listes des députés nationaux dont les mandats ont été validés, des photocopies des « cartes de légitimation » des requérants, une photocopie du Journal officiel de la République d'Haïti, « Le Moniteur », numéro extraordinaire du 19 juin 2012, un document-synthèse du débat général sur l'avant-projet de la Constitution de la République Démocratique du Congo, et le rapport de la Commission politique, administrative et juridique d'avril 2005, relatif au même texte.

Examinant les dispositions constitutionnelles à interpréter, la Cour constitutionnelle relève que les alinéas 2 des articles 70, 103 et 105, ainsi que l'alinéa 6 de l'article 197 de la Constitution se rapportent à la fin du mandat du Président de la République et à celle des députés nationaux, sénateurs et députés provinciaux, tandis que les articles 75 et 76 de la même Constitution règlent la vacance de la présidence de la République.

1. Concernant la fin du mandat du Président de la République et, incidemment, des membres des Assemblées législatives :

La Cour constitutionnelle observe qu'aux termes de l'article 70 alinéa 2 de la Constitution, « À la fin de son mandat, le Président de la République reste en fonction jusqu'à l'installation effective du nouveau Président élu ».

Elle relève, en outre, qu'étant clair, l'alinéa 2 de l'article 70 ne nécessite pas, en principe, d'interprétation ; elle note cependant que de la synthèse du débat général d'avril 2005 sur l'avant-projet de la Constitution, on peut lire qu'après amendements de cet article, « Un deuxième alinéa a été ajouté pour que le Président de la République sortant puisse rester en fonction jusqu'à l'installation effective du nouveau Président élu afin d'éviter le vide institutionnel ».

Elle en infère que l'alinéa 2 de l'article 70 permet au Président de la République arrivé fin mandat de demeurer en fonction, en vertu du principe de la continuité de l'État, jusqu'à l'installation effective du nouveau Président de la République élu.

La Cour observe, par ailleurs, que réglée respectivement par les articles 103, 105 et 197 de la Constitution, la situation des députés nationaux, sénateurs et députés provinciaux arrivés fin mandat est proche de celle réglée par l'article 70 alinéa 2.

Elle note que rédigés en des termes identiques, les articles 103 et 105 prévoient que le député national ou le sénateur est élu pour un mandat de cinq ans, renouvelable, qui commence à la validation des pouvoirs par la chambre parlementaire à laquelle il appartient, et expire à l'installation de la nouvelle chambre ; mais que contrairement à l'alinéa 1 de l'article 70 qui limite à deux le nombre de mandats auquel peut prétendre le Président de la République, les alinéas 1 des articles 103 et 105 ne fixent aucune limitation au nombre de mandats parlementaires.

La Cour relève, quant à leurs seconds alinéas, qui répondent également au souci de garantir la continuité de l'État, que seul le caractère collégial des chambres parlementaires peut justifier la formule des articles 103 et 105, suivant lesquels le mandat de député ou de sénateur commence à la validation des pouvoirs par l'Assemblée nationale ou le Sénat, selon le cas, et expire à l'installation de la nouvelle Assemblée nationale ou du nouveau Sénat.

Elle constate, en effet, qu'alors qu'avant de quitter le poste, en cas de non-réélection après un premier mandat, ou à l'expiration de son second mandat, le Président de la République, attendra de passer le pouvoir à son successeur élu en vue de l'installation effective de celui-ci conformément à l'article 70 alinéa 2 de la Constitution, le parlementaire qui appartient à une institution collégiale, voit l'expiration de son mandat conditionnée par l'installation effective d'une nouvelle chambre dans son ensemble.

Elle note, également, que les développements ci-hauts concernant les députés nationaux valent, mutatis mutandis, pour les députés provinciaux, dont la situation est réglée par l'article 197 de la Constitution, aux termes duquel les membres de l'Assemblée provinciale, appelés députés provinciaux, sont élus au suffrage universel direct et secret ou cooptés pour un mandat de cinq ans renouvelable, le nombre de Députés provinciaux cooptés ne pouvant dépasser le dixième des membres qui composent cette assemblée, suivant les alinéas 3, 4 et 5, tandis que conformément à l'alinéa 6, l'article 103 de la Constitution leur est applicable, mutatis mutandis.

2. Concernant la vacance de la présidence de la République

La Cour relève des articles 75 et 76 de la Constitution que la vacance de la présidence de la République est la conséquence de certains événements qui surviennent en cours de mandat : décès, démission ou toute autre cause d'empêchement définitif.

Elle observe qu'aux termes de l'article 75, en effet, « En cas de vacance pour cause de décès, de démission ou pour toute autre cause d'empêchement définitif, les fonctions de Président de la République, à l'exception de celles mentionnées aux articles 78, 81 et 82 sont provisoirement exercées par le Président du Sénat ».

Elle juge, en outre, que la vacance de la présidence de la République renvoie à l'hypothèse où la fonction présidentielle reste sans titulaire, à la suite du décès du Président de la République, de sa démission ou de sa destitution par une décision de justice par exemple, c'est-à-dire la situation où le poste de Président de la République n'est plus occupé, où est constaté l'empêchement définitif du titulaire de cette fonction, pour l'une des causes énumérées par l'article 75 de la Constitution.

Elle observe, par ailleurs, que seul un empêchement définitif, défini par l'article 84 alinéa 3 de la Loi organique n° 13/026 du 15 octobre 2013 portant organisation et fonctionnement de la Cour constitutionnelle comme la situation où le Président de la République se trouve dans l'impossibilité absolue d'exercer les fonctions sui lui sont dévolues par la Constitution et les lois de la République, permet de constater la vacance de la présidence de la République et d'enclencher la procédure définie par l'article 76 de la Constitution.

La Cour relève que selon l'article 76 alinéa 2 de la Constitution, le Président de la République par intérim, en l'occurrence le Président du Sénat, veille à l'organisation de l'élection du nouveau Président de la République dans les conditions et les délais prévus par les alinéas 3 et 4 de l'article 76 de la Constitution. Autrement dit, il veille à ce que la Commission Électorale Nationale Indépendante, CENI en sigle, organise l'élection du nouveau Président de la République dans un délai de soixante jours au moins et quatre-vingt-dix jours au plus, délai qui peut être prorogé jusqu'à cent vingt jours au plus en cas de force majeure, après l'ouverture de la vacance ou la déclaration du caractère définitif de l'empêchement.

La Cour observe que conformément à l'alinéa 5 de l'article 76 de la Constitution, le Président élu commence un nouveau mandat, distinct du mandat interrompu au cours duquel la vacance de la présidence a été déclarée.

Elle note, en définitive, que la vacance se produit lorsqu'il n'y a plus de Président de la République, pour cause de démission, décès, ou pour toute autre cause d'empêchement définitif, notamment la maladie, la captivité, la destitution par la Cour constitutionnelle à la suite d'une condamnation pénale, etc., mettant le Président de la République dans l'impossibilité absolue et définitive d'exercer ses fonctions. Elle doit être formellement constatée par la Cour constitutionnelle, sur saisine du Gouvernement, conformément à l'article 76 alinéa 1 de la Constitution, tandis que l'intérim du Président de la République est alors assuré par le Président du Sénat, qui veille à l'organisation par la CENI de l'élection du nouveau Président de la République dans les délais constitutionnels.

Elle dira n'y a voir pas lieu à paiement des frais d'instance, la procédure étant gratuite, conformément à l'article 96 alinéa 2 de la Loi organique n° 13/026 du 15 octobre 2013 portant organisation et fonctionnement de la Cour constitutionnelle.

C'est pourquoi :

Vu la Constitution du 18 février 2006 telle que révisée à ce jour, spécialement ses articles 70 alinéa 2, 75, 76, 103 alinéas 2, 105 alinéa 2, 161 alinéa 1er, et 197 alinéas 2, 4 et 6 ;

Vu la Loi organique n° 13/026 du 15 octobre 2013 portant organisation et fonctionnement de la Cour constitutionnelle, spécialement ses articles 42, 48, 54 et 96 alinéa 2 ;

Vu le Règlement intérieur de la Cour constitutionnelle, spécialement les articles 27 alinéa 2, 34, 35, 36, 37, 38 alinéa 4 et 51 ;

La Cour, siégeant en matière d'interprétation de la Constitution ;

Après avis du procureur général ;

Se déclare compétente ;

Reçoit la requête ;

Dit que, pour consacrer le principe de la continuité de l'État affirmé par l'article 69 de la Constitution, l'article 70 alinéa 2 de la Constitution permet au Président de la République actuellement en exercice de rester en fonction jusqu'à l'installation effective du nouveau Président élu ;

Dit, en outre, que bien que d'une durée de cinq ans renouvelable, le mandat des députés nationaux, sénateurs et députés provinciaux ne prend fin qu'à l'installation d'une nouvelle Assemblée nationale, d'un nouveau Sénat ou d'une nouvelle Assemblée provinciale, en vertu du même principe de continuité de l'État, également traduit par les alinéas 2 des articles 103 et 105, ainsi que l'alinéa 6 de l'article 197 de la Constitution ;

Dit par ailleurs que les articles 75 et 76 de la Constitution règlent le cas de vacance de la présidence de la République intervenant en cours de mandat, pour cause de décès, démission ou pour toute autre cause d'empêchement définitif du Président de la République ;

Dit que la vacance de la présidence de la République nécessite l'intervention de la Cour constitutionnelle qui en fait la déclaration, sur saisine du Gouvernement ;

Dit n'y avoir pas lieu à paiement des frais d'instance ;

Dit enfin que le présent arrêt sera signifié aux requérants, au Président de la République, au Président de l'Assemblée nationale, au Président du Sénat, au Premier ministre, aux présidents des Assemblées provinciales, ainsi qu'aux Gouverneurs de Provinces, et qu'il sera publié au Journal officiel de la République Démocratique du Congo, ainsi qu'au Bulletin des arrêts de la Cour constitutionnelle.

La Cour a ainsi délibéré et statué à son audience publique de ce 11 mai 2016 à laquelle ont siégé Messieurs Lwamba Bindu Benoît, président, Banyaku Luape Epotu Eugène, Esambo Kangashe Jean-Louis, Funga Molima Mwata Évariste-Prince, Kalonda Kele Oma Yvon, Kilomba Ngozi Mala Noël, Vunduawe-te-Pemako Félix et Mavungu Mvumbi-di-Ngoma Jean-Pierre, juges, avec le concours du Procureur général représenté par le Premier Avocat général Mokola Pikpa Donatien, et l'assistance de Monsieur Olombe Lodi Lomama Charles, Greffier.

1. Monsieur Lwamba Bindu Benoît, Président ;
2. Monsieur Banyaku Luape Epotu Eugène, Juge ;
3. Monsieur Esambo Kangashe Jean-Louis, Juge ;
4. Monsieur Funga Molima Mwata Évariste-Prince, Juge ;
5. Monsieur Kalonda Kele Oma Yvon, Juge ;
6. Monsieur Kilomba Ngozi Mala Noël, Juge ;
7. Monsieur Vunduawe te Pemako Félix, Juge ;
8. Monsieur Mavungu M'Vumbi-di-Ngoma Jean-Pierre, Juge ;

Le Greffier,
Olombe Lodi Lomama Charles

Kinshasa, le 24 juin 2016.

II. Constitution du 18 février 2006 (JORDC, numéro spécial, 20 juin 2006) - Extraits.

Exposé des motifs

[…]

3. De l'organisation et de l'exercice du pouvoir

Les nouvelles Institutions de la République Démocratique du Congo sont :

- le Président de la République ;
- le Parlement ;
- le Gouvernement ;
- les Cours et Tribunaux.

Les préoccupations majeures qui président à l'organisation de ces Institutions sont les suivantes :

1. assurer le fonctionnement harmonieux des Institutions de l'Etat ;
2. éviter les conflits ;
3. instaurer un État de droit ;
4. contrer toute tentative de dérive dictatoriale ;
5. garantir la bonne gouvernance ;
6. lutter contre l'impunité ;
7. assurer l'alternance démocratique.

C'est pourquoi, non seulement le mandat du Président de la République n'est renouvelable qu'une seule fois, mais aussi, il exerce ses prérogatives de garant de la Constitution, de l'indépendance nationale, de l'intégrité territoriale, de la souveraineté nationale, du respect des accords et traités internationaux ainsi que celles de régulateur et d'arbitre du fonctionnement normal des Institutions de la République avec l'implication du Gouvernement sous le contrôle du Parlement.

[…]

4. De l'organisation et de l'exercice du pouvoir

Pour préserver les principes démocratiques contenus dans la présente Constitution contre les aléas de la vie politique et les révisions intempestives, les dispositions relatives à la forme républicaine de l'Etat, au principe du suffrage universel, à la forme représentative du Gouvernement, au nombre et à la durée des mandats du Président de la République, à l'indépendance du pouvoir judiciaire, au pluralisme politique et syndical ne peuvent faire l'objet d'aucune révision constitutionnelle.

Telles sont les lignes maîtresses qui caractérisent la présente Constitution.

[…]

Article 69

Le Président de la République est le Chef de l'État. Il représente la nation et il est le symbole de l'unité nationale.

Il veille au respect de la Constitution.

Il assure, par son arbitrage, le fonctionnement régulier des pouvoirs publics et des Institutions ainsi que la continuité de l'État. Il est le garant de l'indépendance nationale, de l'intégrité du territoire, de la souveraineté nationale et du respect des traités et accords internationaux.

Article 70

Le Président de la République est élu au suffrage universel direct pour un de cinq ans renouvelable une seule fois.

À la fin de son mandat, le Président de la République reste en fonction jusqu'à l'installation effective du nouveau Président élu.

Article 71

Le Président de la République est élu à la majorité absolue des suffrages exprimés. Si celle-ci n'est pas obtenue au premier tour du scrutin, il est procédé dans un délai de quinze jours, à un second tour.

Seuls peuvent se présenter au second tour, les deux candidats qui ont recueilli le plus grand nombre des suffrages exprimés au premier tour.

En cas de décès, d'empêchement ou de désistement de l'un ou l'autre de ces deux candidats, les suivants se présentent dans l'ordre de leur classement à l'issue du premier tour.

Est déclaré élu au second tour, le candidat ayant recueilli la majorité des suffrages exprimés.

Article 72

Nul ne peut être candidat à l'élection du Président de la République s'il ne remplit les conditions ci-après :

1. posséder la nationalité congolaise d'origine ;
2. être âgé de 30 ans au moins ;
3. jouir de la plénitude de ses droits civils et politiques ;
4. ne pas se trouver dans un des cas d'exclusion prévus par la loi électorale.

Article 73

Le scrutin pour l'élection du Président de la République est convoqué par la Commission électorale nationale indépendante, quatre-vingt dix jours avant l'expiration du mandat du Président en exercice.

Article 74

Le Président de la République élu entre en fonction dans les dix jours qui suivent la proclamation des résultats définitifs de l'élection présidentielle.

Avant son entrée en fonction, le Président de la République prête, devant la Cour Constitutionnelle, le serment ci-après :

« Moi.... élu Président de la République Démocratique du Congo, je jure solennellement devant Dieu et fa nation :

- d'observer et de défendre la Constitution et les lois de la République ;

- de maintenir son indépendance et l'intégrité de son territoire ;
- de sauvegarder l'unité nationale ;
- de ne me laisser guider que par l'intérêt général et le respect des droits de la personne humaine ;
- de consacrer toutes mes forces à la promotion du bien commun et de la paix ;
- de remplir, loyalement et en fidèle serviteur du peuple, les hautes fonctions qui me sont confiées. ».

Article 75

En cas de vacance pour cause de décès, de démission ou pour toute autre cause d'empêchement définitif, les fonctions de Président de la République, à l'exception de celles mentionnées aux articles 78, 81 et 82 sont provisoirement exercées par le Président du Sénat.

Article 76

La vacance de la présidence de la République est déclarée par la Cour constitutionnelle saisie par le Gouvernement.

Le Président de la République par intérim veille à l'organisation de l'élection du nouveau Président de la République dans les conditions et les délais prévus par la Constitution.

En cas de vacance ou lorsque l'empêchement est déclaré définitif par la Cour constitutionnelle, l'élection du nouveau Président de la République a lieu, sur convocation de la Commission électorale nationale indépendante, soixante jours au moins et quatre-vingt-dix jours au plus, après l'ouverture de la vacance ou de la déclaration du caractère définitif de l'empêchement.

En cas de force majeure, ce délai peut être prolongé à cent vingt jours au plus, par la Cour constitutionnelle saisie par la Commission électorale nationale indépendante.

Le Président élu commence un nouveau mandat.

Article 103

Le député national est élu pour un mandat de cinq ans. Il est rééligible.

Le mandat de député national commence à la validation des pouvoirs par l'Assemblée nationale et expire à l'installation de la nouvelle Assemblée.

Article 105

Le sénateur est élu pour un mandat de cinq ans. Il est rééligible.

Le mandat de sénateur commence à la validation des pouvoirs par le Sénat et expire à l'installation du nouveau Sénat.

Article 197

L'Assemblée provinciale est l'organe délibérant de la province. Elle délibère dans le domaine des compétences réservées à la province et contrôle le Gouvernement provincial ainsi que les services publics provinciaux et locaux.

Elle légifère par voie d'édit.

Ses membres sont appelés députés provinciaux.

Ils sont élus au suffrage universel direct et secret ou cooptés pour un mandat de cinq ans renouvelable.

Le nombre de députés provinciaux cooptés ne peut dépasser le dixième des membres qui composent l'Assemblée provinciale.

Sans préjudice des autres dispositions de la présente Constitution, les dispositions des articles 100, 101, 102, 103, 108 et 109 sont applicables, mutatis mutandis, aux Assemblées provinciales.

III. Loi n° 11/002 du 20 janvier 2011 portant révision de certains articles de la Constitution de la République Démocratique du Congo du 18 février 2006

Article 1er

Les articles 71, 110, 126, 149, 197, 198, 218 et 226 de la Constitution sont modifiés comme suit :

« Article 71 :

Le Président de la République est élu à la majorité simple des suffrages exprimés.

[…].

Table des matières

Questions juridiques aux éditions L'Harmattan

Dernières parutions

CONCILIATION ET MÉDIATION DEVANT LA JURIDICTION ADMINISTRATIVE
Actes du colloque du Conseil d'État du 17 juin 2015
Sous la direction de Jacques Biancarelli et Béatrice Blohorn-Brenneur
Voici près de 25 ans que le Conseil d'État, confronté à une judiciarisation croissante de la société, réfléchit aux modes alternatifs de règlement des différends afin de les pacifier et de rendre les justiciables davantage confiants en la justice administrative. Après avoir rappelé le contexte juridique et les enjeux d'une telle impulsion, un bilan comparatif des pratiques du juge administratif et du juge judiciaire a permis de mesurer combien il est nécessaire et urgent de compléter la boîte à outils dont dispose le premier. Voici une réflexion, les références et les outils nécessaires à la juridiction administrative.
(Coédition GEMME, 24.00 euros, 246 p.)
ISBN : 978-2-343-07270-8, ISBN EBOOK : 978-2-336-39774-0

L'ERREUR JUDICIAIRE
Apprendre à douter pour lutter contre les erreurs judiciaires
Sous la direction de Xavier Pin
L'erreur judiciaire hante autant qu'elle jalonne l'histoire de notre justice pénale. Nous avons tous en mémoire de retentissants procès ayant vu des individus accusés ou condamnés, avant d'être disculpés, graciés ou réhabilités. Le législateur y est sensible au point de réformer régulièrement la procédure pénale pour tenter d'éviter, de corriger ou de réparer, autant que possible, de telles erreurs. Une loi du 20 juin 2014 réforme les procédures de révision et de réexamen des condamnations pénales définitives : elle est l'occasion d'essayer de comprendre ces fiascos judiciaires.
(Coll. Droit privé et sciences criminelles, 15.00 euros, 126 p.)
ISBN : 978-2-343-07284-5, ISBN EBOOK : 978-2-336-39807-5

LE DROIT CONSTITUTIONNEL DE LA Ve RÉPUBLIQUE
(Treizième édition)
Lascombe Michel, Toulemonde Gilles
Cet ouvrage s'adresse aux étudiants en droit, aux élèves des instituts d'études politiques et aux candidats aux concours administratifs. Il couvre l'essentiel

du programme de droit constitutionnel, c'est-à-dire aussi bien les constitutions françaises depuis 1789 que l'actuel texte constitutionnel. Cette nouvelle édition tient compte des derniers développements induits par les changements politiques, des dernières réformes des règlements des assemblées et de la jurisprudence la plus récente.
(Coll. Logiques Juridiques, 42.00 euros, 506 p.)
ISBN : 978-2-343-07916-5, ISBN EBOOK : 978-2-336-39877-8

LA PROXIMITÉ EN DROIT INTERNATIONAL PRIVÉ DE LA FAMILLE
Bouyahia Sabrine Maya - Préface de Lotfi Chedly et Marie Goré
Parmi les méthodes proposées pour trancher les litiges présentant un élément d'extranéité, figure celle reposant sur le principe de proximité. L'étude porte sur deux systèmes de droit international privé de la famille différents (droit français et droit tunisien) pour mettre en exergue d'une part l'adaptation de cette méthode aux spécificités de chaque ordre étatique et d'autre part son adéquation avec tous les différents systèmes de droit.
(Coll. Logiques Juridiques, 54.00 euros, 618 p.)
ISBN : 978-2-343-05464-3, ISBN EBOOK : 978-2-336-39866-2

QUARTIER-FEMMES ÉCROU 10970
Boh-Petit Dominique
Cellule 24 : une femme dit toute sa souffrance d'être enfermée. Elle a tué. Son histoire est à la rubrique des faits divers. La Cour d'assises la jugera. Bien des années plus tard, elle est libérée. La vie doit reprendre. Ce récit est parfaitement conforme à la réalité. Tout a existé et existe encore.
(Coll. La justice au quotidien, 15.00 euros, 130 p.)
ISBN : 978-2-343-07436-8, ISBN EBOOK : 978-2-336-39812-9

GABELOUS ET CONTREBANDIERS
Histoire des fermiers généraux de Dijon (1760-1780)
Evrard Sébastien - Préface de Marc Fradet
En exhumant un registre du personnel de la direction des fermes de Dijon, l'auteur retrace, entre 1760 et 1780, la vie méconnue de centaines d'agents au service du doit et de l'impôt. Ces derniers servaient un système protecteur (la retraite fait son apparition dès 1768), parfois très rémunérateur, mais qui s'avère aussi, sous certains aspects, une machine à broyer les hommes : le régime des sanctions que met en place la Ferme est d'une efficacité redoutable. En définitive, la Ferme présente un aspect mitigé.
(Coll. Mémoires des Douanes, 28.50 euros, 278 p.)
ISBN : 978-2-343-06683-7, ISBN EBOOK : 978-2-336-39845-7

DICTIONNAIRE OHADA
(3e édition)
Bitsamana Hilarion Alain
Ce dictionnaire spécial du droit des affaires OHADA propose une définition claire et précise, avec tous les compléments nécessaires, des principaux termes utilisés tous les jours se rapportant à l'OHADA. Un ouvrage de référence

permettant de décoder l'OHADA, accessible à toute personne s'intéressant au monde des affaires en Afrique comme à l'étranger.
(39.00 euros, 398 p.)
ISBN : 978-2-343-07656-0, ISBN EBOOK : 978-2-336-39786-3

LA DÉJUDICIARISATION ET LES PROCÉDURES NON CONTENTIEUSES EN AFRIQUE
Amboulou Hygin Didace
La déjudiciarisation comprend l'ensemble des mécanismes de gestion des différends en rationalisant les moyens matériels et humains de la justice, afin de pallier les déficiences du système judiciaire et de limiter les surcharges des juridictions. Les institutions de nombreux pays sont analysées et les déjudiciarisations en droit public et en droit privé sont abordées.
(Coll. Études africaines, 17.50 euros, 156 p.)
ISBN : 978-2-343-06928-9, ISBN EBOOK : 978-2-336-39805-1

COMMENT RENFORCER L'INDÉPENDANCE DE LA MAGISTRATURE AU SÉNÉGAL ?
Ngom Babacar
Préface de Amadou Mahtar Mbow
L'ouvrage présente dans une première partie les garanties légales d'indépendance de la justice, notamment la règle de la séparation des pouvoirs, le principe de la soumission des juges à l'autorité de la loi et celui de l'inamovibilité du magistrat du siège. Après une analyse critique de ces dispositions, l'auteur formule des propositions de renforcement de l'indépendance de la magistrature.
(13.50 euros, 124 p.)
ISBN : 978-2-343-05158-1, ISBN EBOOK : 978-2-336-39837-2

LE DROIT PÉNAL DES AFFAIRES AU CAMEROUN
Djila Kouayi Kemajou Rose
Préface de Victor-Emmanuel Bokalli
Dans le domaine des affaires, la liberté d'entreprendre et d'investir comporte de nombreux risques, au rang desquels le risque pénal. La délinquance en col blanc n'étant plus réservée aux grandes sociétés commerciales, les moyens de lutte et de sécurisation des investisseurs nécessitent un droit pénal des affaires dont l'objectif est la recherche d'une éthique dans ce domaine.
(Coll. Études africaines, 35.50 euros, 350 p.)
ISBN : 978-2-343-07840-3, ISBN EBOOK : 978-2-336-39777-1

50 ANS DE MARIAGE
Réflexions d'un notaire sur l'évolution du couple ces cinquante dernières années
Dauptain Pierre
De la pilule contraceptive jusqu'au mariage pour tous, l'auteur nous propose une réflexion sur les lois qui ont accompagné l'évolution du couple au cours des cinquante dernières années. Il analyse cette évolution pour aborder les problématiques juridiques et morales qui font tant débat de nos jours. Il s'appuie sur des travaux de juristes ou de sociologues, des articles de presse, mais aussi sur

les chansons et les films qui ont marqué ces années et qui témoignent de façon si éclairante des changements de mentalités.
(Éditions Pepper, 16.50 euros, 148 p.)
ISBN : 978-2-343-07677-5, ISBN EBOOK : 978-2-336-39690-3

MÉTHODOLOGIE ET ASPECTS FORMELS DE LA RECHERCHE
Petit manuel à l'usage des juristes
Marain Gaëtan
L'ouvrage propose un véritable apprentissage du formalisme qui doit permettre aux étudiants et aux professionnels confrontés à la rédaction d'une thèse ou d'un mémoire juridique d'aborder ce travail avec sérénité. L'auteur donne une méthode de recherche pour définir le sujet, trouver et compulser les références utiles, échafauder un plan. Il aborde également les thèmes des citations d'auteur, notes de bas de page, mise en page. Il traite enfin du travail de relecture et de l'épreuve de soutenance.
(19.00 euros, 178 p.)
ISBN : 978-2-343-07638-6, ISBN EBOOK : 978-2-336-39556-2

RISQUES, ACCIDENTS ET CATASTROPHES
Liber amicorum
En l'honneur de Madame le professeur Marie-France Steinlé-Feuerbach
Sous la direction Hervé Arbousset, Caroline Lacroix et Benoît Steinmetz
L'étude et l'analyse des risques sont au cœur des réflexions du Professeur Steinlé-Feuerbach. Ses nombreux écrits de doctrine sur la thématique des accidents et des catastrophes ont amené à ce que ses collègues et amis lui dédient cet ouvrage. Ces mélanges donnent une vue d'ensemble d'une matière devenue une véritable discipline transcendant le clivage droit public-droit privé.
(Coll. Sciences criminelles, 34.00 euros, 334 p.)
ISBN : 978-2-343-07169-5, ISBN EBOOK : 978-2-336-39677-4

ÉTAT, COLLECTIVITÉS TERRITORIALES ET DROITS SOCIAUX
Étude du droit comparé
Sous la direction d'Olivier Lecucq
Comment, selon leur organisation territoriale respective, La France, l'Espagne et l'Italie œuvrent à la satisfaction des droits sociaux. Quels sont les rôles de l'État en ce domaine ? Quelles sont les actions qui en découlent et comment se coordonnent-elles ? Quelles en sont les implications en termes d'égalité des citoyens et des territoires ? L'ouvrage tente de répondre à ces questions en interpellant la réalisation de l'État social dans un contexte de crise, de réduction des déficits et de maîtrise des dépenses.
(Coll. Bibliothèques de droit, 22.50 euros, 221 p.)
ISBN : 978-2-343-07585-3, ISBN EBOOK : 978-2-336-39683-5

L'HARMATTAN ITALIA
Via Degli Artisti 15; 10124 Torino
harmattan.italia@gmail.com

L'HARMATTAN HONGRIE
Könyvesbolt ; Kossuth L. u. 14-16
1053 Budapest

L'HARMATTAN KINSHASA
185, avenue Nyangwe
Commune de Lingwala
Kinshasa, R.D. Congo
(00243) 998697603 ou (00243) 999229662

L'HARMATTAN CONGO
67, av. E. P. Lumumba
Bât. – Congo Pharmacie (Bib. Nat.)
BP2874 Brazzaville
harmattan.congo@yahoo.fr

L'HARMATTAN GUINÉE
Almamya Rue KA 028, en face
du restaurant Le Cèdre
OKB agency BP 3470 Conakry
(00224) 657 20 85 08 / 664 28 91 96
harmattanguinee@yahoo.fr

L'HARMATTAN MALI
Rue 73, Porte 536, Niamakoro,
Cité Unicef, Bamako
Tél. 00 (223) 20205724 / +(223) 76378082
poudiougopaul@yahoo.fr
pp.harmattan@gmail.com

L'HARMATTAN CAMEROUN
BP 11486
Face à la SNI, immeuble Don Bosco
Yaoundé
(00237) 99 76 61 66
harmattancam@yahoo.fr

L'HARMATTAN CÔTE D'IVOIRE
Résidence Karl / cité des arts
Abidjan-Cocody 03 BP 1588 Abidjan 03
(00225) 05 77 87 31
etien_nda@yahoo.fr

L'HARMATTAN BURKINA
Penou Achille Some
Ouagadougou
(+226) 70 26 88 27

L'HARMATTAN SÉNÉGAL
10 VDN en face Mermoz, après le pont de Fann
BP 45034 Dakar Fann
33 825 98 58 / 33 860 9858
senharmattan@gmail.com / senlibraire@gmail.com
www.harmattansenegal.com

L'HARMATTAN BÉNIN
ISOR-BENIN
01 BP 359 COTONOU-RP
Quartier Gbèdjromèdé,
Rue Agbélenco, Lot 1247 I
Tél : 00 229 21 32 53 79
christian_dablaka123@yahoo.fr

Achevé d'imprimer par Corlet Numérique - 14110 Condé-sur-Noireau
N° d'Imprimeur : 134414 - Dépôt légal : décembre 2016 - *Imprimé en France*

www.ingramcontent.com/pod-product-compliance
Lightning Source LLC
LaVergne TN
LVHW021216061026
849535LV00008B/2768